T0209686

essentials

essentials liefern aktuelles Wissen in konzentrierter Form. Die Essenz dessen, worauf es als „State-of-the-Art" in der gegenwärtigen Fachdiskussion oder in der Praxis ankommt. *essentials* informieren schnell, unkompliziert und verständlich

- als Einführung in ein aktuelles Thema aus Ihrem Fachgebiet
- als Einstieg in ein für Sie noch unbekanntes Themenfeld
- als Einblick, um zum Thema mitreden zu können

Die Bücher in elektronischer und gedruckter Form bringen das Fachwissen von Springerautor*innen kompakt zur Darstellung. Sie sind besonders für die Nutzung als eBook auf Tablet-PCs, eBook-Readern und Smartphones geeignet. *essentials* sind Wissensbausteine aus den Wirtschafts-, Sozial- und Geisteswissenschaften, aus Technik und Naturwissenschaften sowie aus Medizin, Psychologie und Gesundheitsberufen. Von renommierten Autor*innen aller Springer-Verlagsmarken.

Weitere Bände in der Reihe http://www.springer.com/series/13088

Wolfgang Hellmann

Chirurgie hat Zukunft

Innovative Aus- und Weiterbildung
als Erfolgsfaktor

Prof. Dr. habil. Wolfgang Hellmann
Hemmingen, Deutschland

ISSN 2197-6708   ISSN 2197-6716   (electronic)
essentials
ISBN 978-3-658-33828-2   ISBN 978-3-658-33829-9   (eBook)
https://doi.org/10.1007/978-3-658-33829-9

Die Deutsche Nationalbibliothek verzeichnet diese Publikation in der Deutschen Nationalbibliografie; detaillierte bibliografische Daten sind im Internet über http://dnb.d-nb.de abrufbar.

Planung/Lektorat: Margit Schlomski
Springer Gabler ist ein Imprint der eingetragenen Gesellschaft Springer Fachmedien Wiesbaden GmbH und ist ein Teil von Springer Nature.
Die Anschrift der Gesellschaft ist: Abraham-Lincoln-Str. 46, 65189 Wiesbaden, Germany

Was Sie in diesem *essential* finden werden

- Kurzinformationen zur Generation Y (und Z)
- Überblick über notwendige persönliche Qualifikationen, Haltungen und Strategien von Klinikärzten
- Optimierungsvorschläge für das Praktische Jahr (PJ) und die Ärztliche Weiterbildung
- Vorschlag zur Motivation der Generation Y zur Mitwirkung an Veränderungen
- Strategiekonzepte zu Optimierung von Aus- und Weiterbildung
- Zielorientierte Öffentlichkeitsarbeit für die Chirurgie

Vorwort

Zukunft der Chirurgie bedeutet nicht nur Strukturveränderungen in der Aufbau-und Ablauforganisation von Kliniken, sondern auch ein Umdenken im Management. Es versteht sich von selbst: Erst das Umdenken, dann die Strukturveränderungen! Konkret bedeutet dies, ein modifiziertes Rollenverständnis der Führungskräfte zu induzieren und einen Übergang zu mehr Prozessorientierung mit flacheren Hierarchien zu schaffen, auch als Grundlage für eine innovative Gestaltung von Praktischem Jahr (PJ) und Ärztlicher Weiterbildung. Es gibt somit viel zu tun!

Das Buch[1] soll einen Beitrag zu einer erfolgreichen Rekrutierung und Bindung des ärztlichen Nachwuchses und damit auch zur Sicherung ausreichender Zahlen von Fachärzten leisten. Es fokussiert auf die Optimierung der Arbeitsbedingungen im PJ und in der Weiterbildung, gibt aber ebenfalls Hinweise zu Anforderungen an die ärztlichen Führungskräfte.

Handlungsoptionen stehen im Mittelpunkt. Sie beinhalten „Handlungskorridore" innerhalb derer ausgewählt werden kann, soweit dies den Adressaten des Buches sinnvoll erscheint. Mehr darf es unter den derzeitigen Rahmenbedingungen nicht sein. Die hohe Belastung der Klinikärzte, bei massivem Personalmangel und im Kontext von Corona, ermöglicht kaum zeitlichen Spielraum für zeitraubende Fortbildungen. Ausgekommen werden muss mit den Kenntnissen und Erfahrungen, die vorliegen. Dies ist allerdings nicht wenig! Viele Chirurgen haben Managementkompetenzen erworben, umfassende Vorschläge zum Management, und damit auch zur Befähigung Aus- und Weiterbildung zu optimieren, wurden vorgelegt (s. Literaturverzeichnis am Ende des Buches).

---

[1]Zugunsten einer lesefreundlichen Darstellung wird in der Regel die neutrale bzw. männliche Form verwendet. Dies gilt für alle Geschlechtsformen (weiblich, männlich, divers).

Die vorgestellten Anregungen eröffnen die Chance, Aus- und Weiterbildung im Sinne des ärztlichen Nachwuchses und der Kliniken optimieren zu helfen. Sofern dies gelingt, ist dies eine gute Grundlage für die Sicherung von Fachärzten für die Chirurgie.

Gedankt sei dem Verlag für die zügige Umsetzung des Buches (und hier vor allem Frau Margit Schlomski, Lektorat) für die gute Unterstützung. Dank gilt auch meiner Frau (Ilse Hellmann) für ständige Diskussionsbereitschaft und inhaltliche Anregungen.

Hannover   Prof. Dr. habil. Wolfgang Hellmann
im März 2021

Inhaltsverzeichnis

Über den Autor

Prof. Dr. habil. Wolfgang Hellmann Professor der Hochschule Hannover, Gründer der Akademie für Management im Gesundheitswesen e. V., Initiator des Studienmodells Hannover für Berufe im Gesundheitswesen, Wissenschaftlicher Planer und Leiter des Studienprogramms Medical Hospital Manager für ärztliche Führungskräfte, Gründer der DSÖGG (Deutsch- Schweizerisch- Österreichische Gesellschaft für Gesundheitsmanagement), Verantwortlicher im Kompetenzzentrum Kundenorientierung, Mitglied in zahlreichen Beiräten (z. B. Gesundheitsbildung e. V., Schweiz), Herausgeber zahlreicher Buchpublikationen zum Krankenhausmanagement für Leitende Ärzte. Besonderes Anliegen: Leistung eines Beitrags zur Befähigung der jungen Ärztegeneration zu einer patientenzentrierten Gesundheitsversorgung im Kontext eines modifizierten ärztlichen Rollenverständnisses ohne Paternalismus und schwerpunktmäßige Fokussierung auf ökonomische Ziele.

Einleitung 1

Die Chirurgie hat Probleme mit dem chirurgischen Nachwuchs (Braun et al. 2019, Schneider et al. 2020). Ursächlich dafür mitverantwortlich sind schlechte Bedingungen, vor allem im PJ und in der Ärztlichen Weiterbildung.

Verändert zum Guten hat sich wenig, wenn man von einzelnen Kliniken absieht. Sie haben die Zeichen der Zeit erkannt und verbesserte Bedingungen für Studierende im PJ und für Weiterzubildende geschaffen (Schneider et al. 2020, Jacob und Kopp 2020).

Das Verharren im Stillstand ist nicht akzeptabel. Chirurgen spielen eine zentral wichtige Rolle in der Patientenversorgung, sie sind unverzichtbar. Aus- und Weiterbildung müssen deshalb zu einem attraktiven Anziehungspunkt für den ärztlichen Nachwuchs werden. Dies ist leichter gesagt als getan. Die Mühlen der zuständigen ärztlichen Institutionen wie Ärztetag und Ärztekammern mahlen als bürokratisierte Organisationen zwangsläufig langsam.

Somit sind Bemühungen folgerichtig, die Aus- und Weiterbildung vor Ort in den Kliniken zu verbessern (Braun et al. 2019). Schnelles Handeln ist gefragt, ebenso Pragmatismus bei der Diskussion in der Öffentlichkeit. Am Anfang des Weges muss ein Paradigmenwechsel mit der Erkenntnis stehen: „Nichts ist mehr so wie es gewesen ist und was heute ist, wird morgen anders sein". Neue Patienten- und Mitarbeiterklientele zeigen die Richtung auf.

Paternalismus ist nicht mehr gefragt. Patienten erwarten partnerschaftliche Zusammenarbeit mit Einbindung in den Behandlungsprozess, die junge Mitarbeitergeneration Transparenz, Teamorientierung und kollegiale Führung. Nicht verzichtbar ist die Auseinandersetzung mit neuen Medizinstrategien, Versorgungsansätzen, Geschäftsfeldern und Instrumenten für eine Bewältigung unerwarteter Krisen (wie Corona).

W. Hellmann, *Chirurgie hat Zukunft*, essentials, https://doi.org/10.1007/978-3-658-33829-9_1

Tipp

Strategien sind kontinuierlich zu überprüfen, unterschiedliche Szenarien stetig zu entwickeln. Denn nichts ist mehr punktuell planbar. Wichtige Entscheidungen müssen (Ereignis abhängig) schnell fallen und darauf bezogene Maßnahmen zügig umgesetzt werden.

Die nachfolgenden Ausführungen sind Anregungen für die Beseitigung bestehender Defizite in Aus- und Weiterbildung. Sie schließen an bereits veröffentlichte Überlegungen anderer Autoren an (Braun et al. 2019, MFT 2019, Ludwig 2020, Schmidt 2021), ergänzen und präzisieren diese und machen neue Vorschläge. Bezug genommen wird auch zu einer Vielfalt nach wie vor gültiger früherer Überlegungen zu neuen Wegen im Krankenhausmanagement.

Literatur

Braun, B.J., Schmidt, J., Chabiera, P.J, Fritz, T., Lutz, B., Drossard, S., Mees, S.T., Brunner, S.N., Luketina, R., Blank, B., Kokemohr, P., Röth, A., Rüggeberg, J.-A, Meyer, H.J. (2019): Strukturierte Grundvoraussetzungen für das Praktische Jahr. Passion Chirurgie. 2019 Oktober, 9(10): Artikel 03_03

Jacob, R. Kopp, J., (2020): Traumberuf Chirurg? Wie tickt der Nachwuchs? https://www.bdc. de/traumberuf-chirurg-wie-tickt-der-nachwuchs/

Ludwig, J. (2020): Kompetenzbasierte Weiterbildung: Ursprünge, Inhalte und Erfahrungen. Passion Chirurgie. 2020 September, 10 (09): Artikel 05_01

MFT – Medizinischer Fakultätentag. Arbeitsgruppe PJ des Medizinischen Fakultätentages (MFT) (2019) (Hrsg.): Anvertraubare Professionelle Tätigkeiten (APT). Konzept für die Ausbildung im Praktischen Jahr. Chirurgie. Leitfaden. 13.7.2019

Schmidt, J. (2021): Das Praktische Jahr- Vorschläge zu einer Verbesserung der Lehr- und Organisationsqualität. In: Hellmann, W. (Hrsg.): Die junge Ärztegeneration zeigt Flagge. Kohlhammer, Stuttgart, im Druck

Schneider, K.N., Masthoff, M., Gosheger, G., Schopow, N., Theil, J.C., Marschall, B., Zehrfeld, J. (2020): Generation Y in der Chirurgie- der Konkurrenzkampf um Talente in Zeiten des Nachwuchsmangels. Der Chirurg 91, 955–961

Die Generationen Y und Z – Treiber für Veränderungen im Krankenhaus

2

2.1 Generation Y

►**Definition**

Schlagwort für junge Mitarbeiter ab Geburtsjahr 1980. Aus wissenschaftlicher Sicht geht es nicht um eine ganze Generation, sondern nur um einen Ausschnitt (Schröder 2018). Dieser umfasst Kinder von meist gut situierten Eltern mit Abitur, Möglichkeit zum Studium und Aufenthalten im Ausland. Für das Krankenhaus ist die Generation Y unverzichtbar, sie wird seine Zukunft maßgeblich prägen.

Merkmale
Die Generation wird u. a. wie folgt gekennzeichnet (Bund 2014): Freiräume bei der Arbeit, Zeit für Familie und Freizeit, selbstbestimmtes Arbeiten, kontinuierliche Rückkopplung (Feedback), Zugang zum Internet und innovativen digitalen Techniken, Spaß bei der Arbeit.

Entscheidung zu Überstunden in eigener Regie (die Angaben beinhalten eine individuelle Selbsteinschätzung, die Autorin ist ein Kind der Generation). Übergreifend betrachtet, ist die Mehrzahl der geforderten Veränderungen überfällig. Sie hätten längst beseitigt werden müssen und sind somit keinesfalls neu. Sie sind somit keinesfalls neu. Die Generation Y hat nur gewagt, sie offen anzusprechen und einzufordern.

Bedeutung der Generation Y für das Krankenhaus
Es müssen alle Anstrengungen unternommen werden, Nachwuchskräfte aus dieser Generation zu rekrutieren und zu binden (Schneider et al. 2020, Jacob

© Der/die Autor(en), exklusiv lizenziert durch Springer Fachmedien Wiesbaden GmbH, ein Teil von Springer Nature 2021
W. Hellmann, *Chirurgie hat Zukunft*, essentials, https://doi.org/10.1007/978-3-658-33829-9_2

und Kopp 2020). Eingefordert werden müssen vor allem attraktive Arbeitsbedingungen und ein verändertes Rollenverständnis der Entscheider in den Kliniken.
Vielerorts fühlen die jungen Menschen sich nicht wertgeschätzt, immer noch
vorliegende verkrustete Strukturen mit „Halbgott-in Weiß-Mentalität" und keine
guten Bedingungen in Studium, PJ und Weiterbildung induzieren wenig Begeisterung für das Fach Chirurgie.

Folgen aus der geringen Flexibilität der Zuständigen
   Die Begeisterung für das Fach Chirurgie nimmt ab, im PJ erreicht sie einen
Tiefpunkt. Ergebnis ist vielerorts eine Abwendung vom Fach, eine Facharztaus-
bildung wird nicht angestrebt (Schneider et al. 2020).

► **Tipp**

Gehen Sie auf die Generation zu und drücken Sie Ihre Wertschätzung aus. Machen
Sie dabei deutlich, dass Ihr Rollenverständnis kooperativ ausgerichtet ist, Sie sich
als Partner verstehen und alle Möglichkeiten ausschöpfen werden, um über gute
Arbeitsbedingungen Arbeitszufriedenheit sicher zu stellen.

2.2   Generation Z

► **Definition**

Nachfolger der Generation Y, ab 1995 geborene Personen.

Merkmale
Das postulierte hohe Anspruchsdenken der Generation wird offensichtlich noch
übertroffen durch das der Generation Y nachfolgenden Generation (Kring u. Hurrelmann 2019, Schlotter u. Hubert 2020). Postuliert wird u. a., wie auch für
die Generation Y, ein typisches Kosten-Nutzen-Denken und Eigenschaften wie
„hochgradig fordernd" und „wenig kooperativ" in Verbindung mit dem Begriff
„Egotaktiker" (Hurrelmann 2018). Weitere Angaben zu den Generationen Z liegen
vor.

► Tipp

Diese Generation ist ein noch nicht ganz akutes Problem. Ihre Mitglieder (jetzt im Alter von etwa 22 Jahren) drängen erst allmählich ins Krankenhaus. Das Krankenhaus sollte sich aber schon jetzt auf die neue Herausforderung angemessen vorbereiten.

Literatur

Bund, K. (2014): Glück schlägt Geld. Generation Y: Was wir wirklich wollen. Hamburg: Murmann Verlag GmbH
Hurrelmann, K. (2018): Nicht ohne meine Eltern. Die Generation Z drängt in Universitäten und Unternehmen. ZEIT Nr. 48, S. 76–77
Jacob, R. Kopp, J. (2020): Traumberuf Chirurg? Wie tickt der Nachwuchs? https://www.bdc. de/traumberuf-chirurg-wie-tickt-der-nachwuchs/
Kring, W., Hurrelmann, K. (2019): Die Generation Z erfolgreich gewinnen, führen, binden
Schlotter, L., Hubert, P. (2020): Generation Z-. Personalmanagement und Führung. 21 Tools für Entscheider. Springer, Gabler, Wiesbaden Scholz, C. (2014). Generation Z- Wie sie tickt, was sie verändert und warum sie uns alle ansteckt. Wiley-VCH
Schneider, K.N., Masthoff, M.,Gosheger, G., Schopow, N., Theil, J.C., Theil, J.C., Marschall, B., Zehrfeld, J. (2020): Generation Y in der Chirurgie- der Konkurrenzkampf um Talente in Zeiten des Nachwuchsmangels. Der Chirurg 91, 955–961
Schröder, M. (2018): Der Generationenmythos. Köln Z Soziol 70: 469–494. Wiesbaden: Springer Fachmedien

Persönliche Qualifikationen von Klinikärzten- Grundlage für die erfolgreiche Optimierung von PJ und Ärztlicher Weiterbildung

3

3.1 Verändertes Rollenverständnis des Chefarztes ist Türöffner zur jungen Generation und zu neuen Patientenklientelen

Problemstellung

Das Rollenverständnis hierarchisch geprägter Ärzte mit Neigung zum Paternalismus, erscheint nicht mehr zeitgemäß (Hellmann 2017b). Dies ergibt sich aus neuen Patientenklientelen. Sie wollen nicht vom Arzt an der Hand geführt werden, sondern gleichberechtigte Partner im Behandlungsprozess sein (PEF- Partizipative Entscheidungsfindung). Die Fähigkeit zur situativen und Adressaten spezifischen Kommunikation des Arztes wird erwartet. Analoges gilt für die jungen Mitarbeitergenerationen. Autokratisches Verhalten mit „Halb-Gott-in Weiß-Mentalität" wird abgelehnt, Transparenz, Teamorientierung, offene Karrierewege, Zugang zu den aktuellen neuen Technologien und Ausrichtung auf die Digitalisierung werden erwartet (Hellmann 2021). Für den Arzt ergibt sich die Herausforderung der Umsetzbarkeit unter schwierigen Arbeitsbedingungen.

Handlungsoptionen

(1) Persönliche Reflexion

Empfehlenswert ist eine persönlichen Reflexion zur Frage einer zeitgemäßen Ausrichtung auf die Belange neuer Patienten, ähnlich wie sie von Ärzten in Fachweiterbildung eingefordert wird, wenn sie eigenständig (nach Überlegungen zu Ihrer Qualifikation) im Sinne des notwendigen Facharztstandards Behandlungen durchführen wollen. Nachgedacht werden sollte auch über die Fähigkeit, mit

W. Hellmann, *Chirurgie hat Zukunft*, essentials,
https://doi.org/10.1007/978-3-658-33829-9_3

Patienten situativ kommunizieren zu können und sie als Partner für einen partner-
schaftlichen Dialog, z. B. im Hinblick auf die gemeinsame Entscheidungsfähigkeit
zur Auswahl einer Therapie (Partizipative Entscheidungsfindung), akzeptieren zu
können. Analoges gilt im Hinblick auf den Umgang mit Mitarbeitern.

(2) Coaching

Alternativ, und ggf. ergänzend, ist denkbar ein einschlägiges Coaching durch
einen professionellen Berater.

▶   **Tipp**

Wenig empfehlenswert sind Angaben zu überholten Wertvorstellungen („Frauen
sind für Chefarztstellen nicht geeignet", „Sie brauchen keine Familie", „Sie sind
doch Chirurg") oder Statements mit Zweifel an der Notwendigkeit neuer Wege.
Sie sind für die Gewinnung der jungen Generation kontraproduktiv (Hellmann
2021). Zu berücksichtigen ist deshalb: Die junge Generation ist die „Zukunft des
Krankenhauses" und somit essentiell für dessen Bestandsicherung. Gerade in Zeiten des massiven Personalmangels kann sich der Arbeitgeber ein Vergraulen der
jungen Generation nicht leisten!

3.2   Mitarbeiter sind Kunden, ihren Forderungen und Wünschen ist Rechnung zu tragen

Problemstellung

Kontinuierliche und nachhaltige Kundenorientierung (Hellmann 2017a, 2021) ist
der Schlüssel zum Erfolg eines jeden Geschäftsbetriebes und damit auch eines
Krankenhauses. „Kundenorientierung" ist ein prospektiv ausgerichtetes Erkennen
der Bedürfnisse und Bedarfe der Kunden und die Entwicklung darauf bezogener
Lösungen zur Sicherung von Kundenzufriedenheit. Zentrale Kunden im Krankenhaus sind neben Patienten und Kooperationspartnern vor allem Mitarbeiter, in
besondere Weise aus den jungen Generationen und anderen Kulturkreisen. Deren
Bedürfnisse und Wünsche müssen erfüllt werden, soweit dies machbar und möglich ist. Es versteht sich von selbst, dass „gleiche Augenhöhe" auch für erfahrene
Mitarbeiter gelten muss, einen respektvollen Umgang mit diesen setzt das voraus.

Handlungsoption

Erstellen Sie eine *Checkliste* mit Auflistungen der Forderungen und Wünsche, die bei jungen Mitarbeitern Ihrer Klinik identifizierbar sind. Bedenken Sie: Eine einmalige Erfassung ist wenig hilfreich. Wünsche und Forderungen junger Menschen ändern sich kontinuierlich und auch plötzlich. Daraus ist ableitbar, dass die Nutzung von Checklisten oder auch Befragungen in regelmäßigen Zeitintervallen durchgeführt werden sollte. *Diskutieren Sie die Vorschläge mit Ihren Mitarbeitern.* Begründen Sie, warum bestimmte Forderungen nicht zeitnah oder auch ggf. längerfristig nicht umgesetzt werden können. Letzteres wird vor allem bei Forderungen der Fall sein, die aufgrund des bekannten Mangels an Personal schwierig realisierbar sind (z. B. Freiraum für wissenschaftliche Arbeiten, ehrenamtliche Tätigkeiten etc.). Ihre Mitarbeiter werden das aber verstehen und somit auch akzeptieren. *Setzen Sie einfach realisierbare Forderungen um.* Beispiele: Mehr Teamarbeit, Feedback, Transparenz bei Entscheidungen.

▶ **Tipp**

Mitarbeiterorientierung heißt nicht zwangsläufig, dass alle Wünsche erfüllt werden müssen. Insoweit ist auch die auf Basis der „Kundenorientierung" zu erreichende „Kundenzufriedenheit" relativ. Mitarbeiterzufriedenheit werden Sie erreichen, wenn Sie glaubhaft deutlich machen können, dass Ihrerseits ein kontinuierliches und intensives Bemühen besteht, artikulierten Wünschen nach dem Grundsatz Rechnung zu tragen: „Was machbar und möglich ist". Sind Sie dabei nicht erfolgreich, trägt dies zur Demotivation Ihrer Mitarbeiter bei. Ergebnis ist eine nicht befriedigende Arbeit an Patienten und damit möglicher Schaden nicht nur für diese, sondern ggf. auch für Sie und das gesamte Krankenhaus (z. B. Ansprüche auf Schadenersatz).

3.3 Prozessorientierung ist zukunftsweisend und von der Generation gewünschte Organisationsstruktur

Problemstellung

Prozessorientierung ist eine Managementstrategie, die im Gesundheitswesen zunehmend diskutiert und umgesetzt wird. Gegensätzlich zur „Funktionalen Organisation" in vielen Krankenhäusern, ist sie durch flache Hierarchien mit

Teamorientierung gekennzeichnet, zunehmend realisiert durch „Therapeutische Teams" aus Ärzten und Pflegekräften, die auf gleicher Augenhöhe zusammenarbeiten. Für erfolgreiche Digitalisierung ist Prozessorientierung grundlegende Voraussetzung. Das Denken in Prozessen mit praktischer Umsetzung, sei es über die effiziente Gestaltung prozessualer Abläufe, sei es im Sinne des Abbaus hierarchischer Strukturen (weg von der funktionalen Organisation) ist zentrale Forderung der jungen Generation.

Handlungsoptionen

(1) Prozessorientierung fördern

Fördern Sie Prozessorientierung in Ihrem Versorgungsbereich. durch organisatorische Strukturen wie „Strukturierte Behandlungsabläufe", „Interdisziplinäre Behandlungszentren" oder auch „Integrierte Versorgung" (Hellmann 2021). Letztere nützt vor allem älteren und multimorbiden Patienten durch die Möglichkeit einer „Versorgung ohne Brüche" aufgrund der Vernetzung von stationärer und ambulanter Versorgung. Sie ist wichtiges Anliegen der jungen Generation und fördert damit auch deren Arbeitszufriedenheit. Alle genannten Versorgungsansätze optimieren nicht nur die Behandlungsqualität und sind Grundlage für die Digitalisierung. Sie fördern auch die Zusammenarbeit der Mitarbeiter aus verschiedenen Berufsgruppen. Mit der Einbeziehung der genannten Instrumente tragen Sie dem grundlegenden Anliegen der jungen Generation nach flachen Hierarchien und mehr Teamorientierung Rechnung.

(2) Arbeitsabläufe verschlanken

Verschlanken Sie die Arbeitsabläufe in Ihrer Einrichtung. Das nützt dem Unternehmen und der Fachabteilung gleichermaßen. Verschlankung erfüllt ein wesentliches Anliegen der jungen Generation nach effizientem Arbeiten, insbesondere im Kontext der Nutzung digitaler Techniken. Machen Sie aus der Not eine Tugend und beklagen Sie nicht Ihren Mitarbeitermangel. Ergreifen Sie das Ziel der Verschlankung als Chance, Ihre Arbeitsabläufe zu reorganisieren und damit mehr Anziehungskraft für die jungen Generationen zu entfalten!

3.4   Würdigung der Mitarbeiterqualität ist Motivationsfaktor für den Nachwuchs

Problemstellung

Die Aufrechterhaltung hoher Versorgungsqualität und damit verbundener Patientensicherheit ist bei knappen Ressourcen schwieriger geworden. Es gilt somit ressourcensparende Qualitätsmodelle zu entwickeln und die ausgeprägte Ausrichtung auf die medizinische Expertise zu relativieren. Fokussiert werden muss auf sehr unterschiedliche Qualitätskategorien, die nur gebündelt hohe Ergebnisqualität sicherstellen und für die Externe Qualitätssicherung hochwertige Daten liefern können. Das medizinische Ergebnis muss somit am Ende und nicht am Anfang aller Bemühungen um Qualität stehen (Hellmann 2020). Unter den zu berücksichtigenden Qualitätskategorien ist die „Mitarbeiterqualität" von besonderer Bedeutung. Nur mit qualifizierten Mitarbeitern ist die Gewährleistung hoher Versorgungsqualität und Patientensicherheit realisierbar.

Handlungsoptionen

(1) Neue Sicht von Qualität kommunizieren

Vertreten Sie bei Ihren Mitarbeitern den Grundsatz „Qualität ist mehr als medizinische Expertise", indem Sie diese mit einer neuen Sicht von Qualität konfrontieren und vertraut machen (Hellmann 2020). Damit können Sie Qualität auf einer neuen Basis umsetzen.

(2) Herausragende Bedeutung der Mitarbeiterqualität thematisieren

Thematisieren Sie die herausragende Bedeutung der „Mitarbeiterqualität" und drücken Sie besondere Wertschätzung aus. Sie liefern damit einen zielführenden Beitrag zu mehr Mitarbeiterzufriedenheit.

3.5   Kluges Personalmanagement ist Türöffner für die Rekrutierung und Bindung neuer Mitarbeiter

Problemstellung

Es besteht akuter und umfassender Personalmangel. Daraus ergeben sich neue Anforderungen an die Akteure im Krankenhaus und auch an die junge Generation. Sie und Ihre Mitarbeiter werden konzentrierter und zielgerichteter tätig sein müssen als bei Vorhandensein einer breiten Personaldecke. Anreize für eine befriedigende Tätigkeit und ein Verbleiben im Unternehmen müssen deshalb geschaffen werden. Diese müssen vor allem fokussieren auf stetiges „Kümmern" Leitender Ärzte um die junge Generation. Ihr Engagement zu flexiblen Arbeitsmodellen, Angeboten zu Schulungen und Teamtrainings kann Ihnen helfen, Ihre Rolle des „stetigen Kümmerers" zu festigen.

Handlungsoptionen

(1) Flexible Arbeitsmodelle einbeziehen

Flexible Arbeitsmodelle, wie sie in Holland breit eingesetzt werden, aber auch in Deutschland zunehmend Verwendung finden, sind eine gute Möglichkeit, Personal, und damit auch die junge Generation, zu binden. Damit kann hoher Arbeitsdichte, Stress und Erkrankungen vorgebeugt werden. Dies spart Kosten für das Unternehmen ein (Albrecht 2018, Mühle 2020, Universität Rostock 2020).

(2) Gesundheit für Mitarbeiter zum Anliegen machen

Ihr intensives Kümmern um Mitarbeitergesundheit wird zu hoher Akzeptanz durch Ihre Mitarbeiter beitragen. Mitarbeitergesundheit ist aber natürlich auch Ihr übergreifendes Anliegen für die Zukunftssicherung Ihrer Einrichtung. Nur mit gesunden Mitarbeitern können Ihre Patienten gut versorgt werden. Es sind deshalb alle Möglichkeiten auszuschöpfen, die Mitarbeiter vor zu hoher Arbeitsdichte, damit verbundenem Stress und Erkrankungen zu schützen (Hellmann 2007, Strametz und Aktionsbündnis Patientensicherheit 2021).

▶   **Tipp**

Entwickeln sie, gemeinsam mit der Geschäftsführung, ein auf Mitarbeiter bezogenes Konzept zur Gesundheitsförderung und Gesundheitsvorsorge. Damit können Sie gegenüber den jungen Generationen punkten! Prüfen Sie ebenfalls, ob in Ihrer Abteilung die Umsetzung flexibler Arbeitsmodelle möglich ist.

(3) Schulungen zur Vorbereitung junger Mitarbeiter auf die Bewältigung der Aufgaben in der Patientenversorgung einplanen

Einschlägige Schulungen sind geeignet, Neueinsteigern im Krankenhaus aufzuzeigen, dass der Forderung der Generation nach „Kümmern" von Anfang an Rechnung getragen wird. Prüfen Sie, ob Mittel zur Umsetzung für Schulungen zur Vorbereitung des ärztlichen Nachwuchses auf die Herausforderungen in Ihrer Abteilung vorhanden sind. Wenn ja, bieten Sie diese an. Alternativ können Sie ggf. zurückgreifen auf ein Konzept, das eine Printversion mit einer dialogischen Online- Komponente verknüpft (Hellmann 2019). Vorteil ist, dass die fortzubildenden Mitarbeiter ihren Einsatzort weitgehend nicht verlassen müssen, wie es bei externen Präsenzfortbildungen notwendig ist.

► **Tipp**

Geschicktes strategisches Vorgehen ist hier angesagt. Es darf nicht der Eindruck entstehen, dass „nur" eine „Art Nachhilfeunterricht" gegeben wird, der zur Herstellung von „Passgenauigkeit" der Mitarbeiter dient.

► **Tipp**

Zwangsläufig vorhandene Defizite wie z. B. eigenwilliges Selbstmanagement (basierend auf einer Erziehung durch „Helikoptercharakter"), das in ein Krankenhaus nicht passt, lassen sich schulungsmäßig nivellieren. Unbedenklich können Sie ein entsprechendes Schulungskonzept, wenn didaktisch-methodisch klug ausgerichtet, durchaus auch als Qualifizierungsprojekt für die junge Generation ausweisen.

(4) Teamtrainings zur Optimierung der Zusammenarbeit und zur Mitarbeiterqualifikation anbieten

Prüfen Sie spezielle Teamtrainings auf ihre Eignung für eine Optimierung der Zusammenarbeit und zur Vermeidung von Personalfluktuation. Teamtrainings können dazu einen Beitrag leisten (Rall 2021). Sie fördern Kommunikation, Zusammenarbeit und Dialogkultur. Mit Nutzung dieses Instruments schaffen Sie eine fundierte Basis für effiziente Zusammenarbeit in Projekten, z. B. zur Planung und Umsetzung von Klinischen Pfaden.

► **Tipp**

Weisen Sie Ihre Präferenz zur Teamorientierung durch Angebote zu professionellen Teamtrainings aus. Sie schlagen „2 Fliegen mit einer Klappe". Einerseits tragen Sie damit zur Qualifikation Ihrer Mitarbeiter bei, andererseits leisten Sie einen Beitrag zur Minimierung von Personalfluktuation. Regen Sie bei Ihrer

Geschäftsführung an, dass Teamtrainings übergreifend im Krankenhaus angeboten werden. Dies nützt der Optimierung der Zusammenarbeit in den einzelnen Fachabteilungen und dem gesamten Krankenhaus gleichermaßen.

(5) Zusammenarbeit zwischen Geschäftsführung und Leitenden Ärzten stärken

Gute Zusammenarbeit zwischen Geschäftsführung und Leitenden Ärzten stärkt nicht nur das Krankenhaus für den zunehmend härteren Wettbewerb. Sie ist ebenfalls Indikator für die Kooperationsfähigkeit des Chefarztes und seine Vorbildfunktion. Aktivitäten sollten sich beziehen auf: Erschließung neuer Geschäftsfelder (auch im 2. Gesundheitsmarkt), Einrichtung interdisziplinärer Behandlungszentren für alte und demente Patienten, Entwicklung eines Markenstatus für das Krankenhaus; Erarbeitung von Konzepten für das Praktische Jahr, Ärztliche Weiterbildung, innovative Qualität und Dialogkultur.

▶ **Tipp**

Signalisieren Sie der Geschäftsführung Ihre umfassende Mitwirkung bei der Entwicklung von Strategien zur Rekrutierung und Bindung von Mitarbeitern. Der wissenschaftliche Ruf eines Arztes ist überwiegendes Auswahlkriterium zur Entscheidung für ein bestimmte Klinik. Für das Mitarbeitermarketing, vor allem im Internet, können Sie dies erfolgreich nutzen (s. Abschn. 6.3). Machen Sie der Geschäftsführung dazu Vorschläge. Unverzichtbar sind darüber hinaus Aufforderungsanzeigen zur Bewerbung für das PJ und die Ärztliche Weiterbildung, z. B. über das Internet, aber auch über Printmedien mit konkreten Angaben zu den aus Ihrer Sicht attraktiven Bedingungen zu PJ und Ärztlicher Weiterbildung.

3.6   Kommunikation mit Fokussierung auf neue Patienten- und Mitarbeiterklientele ist das Fundament für eine nachhaltige Dialogkultur

Problemstellung

Gute Kommunikation ist grundlegend für den zielorientierten Dialog im Krankenhaus, und damit Basis für eine Dialogkultur. Voraussetzung für eine zielführende Kommunikation ist „kommunikative Kompetenz" aller Beteiligten. Inhaltlich beschreibt der Begriff die „Gesamtheit von Fähigkeiten einer Person mit unterschiedlichen Personengruppen bedürfnisorientiert kommunizieren zu können".

Bei Ärzten fokussiert sie auf die Fähigkeit, sachbezogen und respektvoll kommunizieren zu können, z. B. im Arzt-Patient Dialog bei Behandlung und Visite oder in Bezug auf die Führung und Motivation von Mitarbeitern.

▶ **Tipp**

Strategien zur Kommunikation sind nicht einmalig fixiert. Sie müssen vielmehr an sich verändernde Rahmenbedingungen kontinuierlich angepasst werden, z. B. bei neuen Patienten- und Mitarbeiterklientelen.

Handlungsoption

Die Fähigkeit zum Dialog mit neuen Patienten- („mündige", alte und demente Patienten) und Mitarbeiterklientelen (junge Generation, Mitarbeiter aus anderen Kulturkreisen) stellt neue und hohe Anforderungen an Ärzte. Gefragt ist besonders die Fähigkeit des Arztes zu einer partnerschaftlich orientierten Kommunikation (PEF-Partizipative Entscheidungsfindung, gemeinsam mit dem Patienten bei einer Therapieauswahl). Ähnliches gilt für Mitarbeiter bei Entscheidungen auf Abteilungsebene (Kollegiale Entscheidungsfindung). Fachkräfte aus anderen Kulturkreisen bestimmen infolge des Personalmangels zunehmend das Bild, ihren Wünschen und Bedürfnissen muss Rechnung getragen werden.

▶ **Tipp**

Berücksichtigen Sie die besonderen Erfordernisse der Gesprächsführung für alte, demente und „mündige" Patienten (Hellmann 2017b) und legen Sie Wert auf verständliche Informationsvermittlung (Fachtermini nur bei Notwendigkeit, keine abstrakten Formulierungen, kein unangemessenes Sprachtempo). Spezifische Strategien sind einzufordern für die schwierige Kommunikation mit Angehörigen und Kindern, ebenfalls für die Übermittlung von schlechten Nachrichten an betroffene Patienten oder Angehörige (z. B. in Bezug auf schwere Erkrankungen wie Krebs). Im Hinblick auf den Dialog zwischen Mitarbeitern aus unterschiedlichen Berufsgruppen muss verständliche Informationsvermittlung auch eine konsentierte Nutzung von Fachbegriffen beinhalten. Hier könnte es sinnvoll sein, dass die Geschäftsführung (gemeinsam mit den Fachabteilungen) einen Begriffskatalog erarbeitet, der allen Mitarbeitern für eine konsentierte Anwendung von Begriffen zur Verfügung gestellt wird.

▶ **Tipp**

Es ist zwingend. die Mitarbeiter über Ziele, Folgen und Veränderungen, die sie selbst betreffen (z. B. Machtverlust, neue Aufgaben, anderes Gehalt etc.) umfassend zu informieren. Erfolgt dies, liegt notwendige Transparenz vor, die verständlicher Weise von der jungen Generation eingefordert wird. Wird dieser Notwendigkeit nachgekommen, werden die Mitarbeiter motiviert sein, Veränderungen mit zu tragen und an deren Umsetzung mitzuwirken.

3.7   Eine additive Strategie zu medizinischer Expertise, Management, Managementkompetenzen und Mitarbeitermotivation ist Gebot der Stunde

Ausgelöst durch die Digitale Transformation und Corona resultieren neue Forderungen an das Management. Dies gilt besonders für das Thema Führung (Krahe und Kirstein 2020; Lorenz und Lucht 2016; Lorenz 2020, Schenking 2020). Hier ist allerdings Differenzierungsfähigkeit zwingend. „Neuer Führung" bedarf es nicht! Gefragt ist vielmehr eine „Additive Führung", die auf Bewährtem aufbaut und dieses ergänzt. Die Notwendigkeit des Vorhandenseins von Managementkompetenzen bei Leitenden Ärzten versteht sich von selbst. Gefragt sind kommunikative und soziale Kompetenz, Kooperationsfähigkeit, Führungsqualitäten, betriebswirtschaftliches Wissen und Rechtssicherheit, durchaus auch mit Ergänzungsbedarf aufgrund neuer Rahmenbedingungen und Erfordernisse. Die Fähigkeit zur Begeisterung von Mitarbeitern und zu kreativ- visionärem Denken versteht sich von selbst.

3.8   Additives Management

▶ **Definition**

Neues Strategiekonzept (© Prof. Dr. Wolfgang Hellmann 2021), das Veränderungen sensibel registriert und diese ggf. zum Anlass nimmt, neue oder ergänzende Strategien für das Management zu entwickeln und zu implementieren. Es baut auf besehendem Wissen auf, in dem es sich bei dessen Bewahrung an aktuelle Erfordernisse kontinuierlich adaptiert. Letztendlich ist es ein kumulatives Instrument

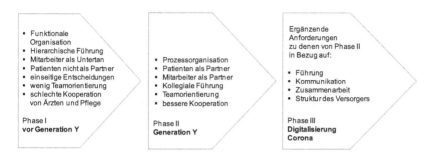

Abb. 3.1 Additives Management- Neue Erfordernisse durch die Generation Y, die Digitalisierung und die Corona Pandemie

der Prozessorientierung, das bewährtes Wissen erhält und durch neues Wissen komplettiert (Abb. 3.1).

Handlungsoption

Verschaffen Sie sich einen Überblick über die bisher in Ihrer Abteilung angewendeten Führungsstrategien und Führungsinstrumente („Ist- Analyse"), eruieren Sie in diesem Zusammenhang, ob neue Erfordernisse Ergänzungen notwendig machen und entwickeln Sie ein „Soll- Konzept". Implementieren Sie dieses und überprüfen Sie es im Abstand von 2 Jahren im Sinne eines Kontinuierlichen Verbesserungsprozesses KVP.

3.9 Managementkompetenzen

►**Definition**

Gesamtheit der Kompetenzen für ein erfolgreiches Management. Dazu gehören: Kommunikative Kompetenz, Soziale Kompetenz, Rechtssicherheit und betriebswirtschaftliche Kenntnisse, Charisma und Innovationsfähigkeit. Managementkompetenzen sind für die Führung von Fachabteilungen unverzichtbar (Hellmann 2017). Sie sind für reibungslose Prozesse, gute Behandlungsqualität und die Herstellung von Mitarbeiterzufriedenheit unverzichtbar (Hellmann 2017a; Schilling et al. 2009; West 2001).

Handlungsoption

Reflektieren und überprüfen Sie Ihre diesbezüglichen Fähigkeiten in regelmäßigen Zeitabständen und justieren Sie ggf. im Kontext einschlägiger Schulungen nach (soweit Ihnen das zeitlich möglich ist).

3.10   Mitarbeitermotivation

►**Definition**

Fähigkeit einer Führungskraft, Arbeitszufriedenheit bei Mitarbeitern zu erreichen (© Prof. Dr. Wolfgang Hellmann 2021).

Leitende Ärzte sind verantwortlich für die Motivation zur Bindung ärztlichen Personals an die Fachabteilung. Die Bindung von Fachärzten ist insbesondere über attraktive Angebote zu Ärztlicher Weiterbildung möglich. Hat der Assistenzarzt das Krankenhaus im Rahmen seiner Weiterbildung als innovatives Umfeld kennengelernt und war er mit den Arbeitsbedingungen zufrieden, ist die Wahrscheinlichkeit des Verbleibs nach Abschluss der Weiterbildung zum Facharzt hoch. Mitarbeitermotivation ist allerdings, vor allem bei starkem Fachkräftemangel oder auch in Krisen wie unter Corona, ein komplexes und schwieriges Unterfangen. Die Instrumente zur Mitarbeitermotivation sind hier zwangsläufig eingeschränkt. Dies ergibt sich vor allem auf Grundlage finanzieller Einschränkungen für die Kliniken.

Handlungsoptionen

(1) Anreize setzen

- Eine Möglichkeit der Facharztbindung (wenn auch zwangsläufig immer nur im begrenzten Umfang umsetzbar) ist die Übertragung höherwertiger Aufgaben, auch wenn sie nicht an eine bessere Vergütung gekoppelt ist. Gedacht sei hier an den Einsatz als „Funktionsoberarzt". Prüfen Sie, ob dieses Instrument zur Anwendung besonders qualifizierter Oberärzte in Ihrem Krankenhaus geeignet ist.
- Prüfen Sie ebenfalls, ob Veränderungen im Management Ihrer Abteilung besonders belastete Mitarbeiter entlasten können.
- Sofern Ihre Klinik Teil eines Verbundes ist, besteht für Chefärzte ggf. die Möglichkeit, in eine Einrichtung mit besseren Arbeitsbedingungen zu wechseln.

- Wenn Ihr Krankenhaus Träger eines MVZ ist, besteht die Möglichkeit einer Teilzeittätigkeit (im Krankenhaus und im MVZ). Diese Möglichkeit wird zunehmend gerne wahrgenommen, um Beruf und Familie besser kompatibel machen zu können.

(2) Persönlichkeitsmerkmale als Instrument für die Mitarbeitermotivation einsetzen (Abschn. 6.3)

- Vorbildfunktion durch hohe medizinische Expertise, umfassende Managementkompetenzen und kooperativen Führungsstil des Chefarztes
- Teamorientierung mit Transparenz bei Entscheidungen
- Offenheit gegenüber flexiblen Karrierewegen
- Befürwortung technischer Innovationen (Digitalisierung, Künstliche Intelligenz)
- „Kümmerer" für die Gesundheit der Mitarbeiter (Gesundheitsförderung und Gesundheitsvorsorge)

(3) Mitarbeiter aus anderen Kulturkreisen mit besonderer Sensibilität behandeln

- Berücksichtigung des jeweils kulturellen Hintergrundes,
- Gleichbehandlung und Wertschätzung entsprechend des Verhaltens gegenüber anderen Mitarbeitern,
- Wertschätzung, auch durch Verständnis für die Herausforderung in einem fremden Land arbeiten und leben zu müssen,
- Verwendung einer Sprachform mit größtmöglicher Chance für eine Verständigung ohne Missverständnisse,
- Förderung multikultureller Zusammenarbeit als Grundlage für erfolgreiche Projektarbeit,
- Einräumung von Rechten und Pflichten wie bei anderen Mitarbeitern auch.

▶ **Tipp**

Berücksichtigen Sie, dass Mitarbeiter aus anderen Kulturkreisen immer wichtiger für die Bestandsicherung von Gesundheitsversorgern werden und attraktive Anreize zur Rekrutierung und Bindung geschaffen werden müssen. Einzelperson bezogene Motivation" durch den Leitenden Arzt wird immer beliebter

(Rohrschneider 2020). Bei hoher Arbeitsdichte in Verbindung mit wenig zeitlichem Freiraum, ist dieses Instrument derzeit (Corona) aber kaum anwendbar.

Literatur

Albrecht, A. (2018): Flexibles Personalmanagement ist zukunftsweisend. Interview mit Andrea Albrecht. KU special StudienführerPlus 2018- Beruf und Karriere in der Gesundheitswirtschaft Februar 2018

Hellmann, W. (Hrsg.) (2007): Gesunde Mitarbeiter als Erfolgsfaktor. Ein neuerWeg zu mehr Qualität im Krankenhaus. Economica, Heidelberg

Hellmann, W. (2017a): Kooperative Kundenorientierung im Krankenhaus. Ein wegweisendes Konzept zur Sicherung von mehr Qualität. Kohlhammer Stuttgart

Hellmann, W. (2017b): Reflexion des Rollenverständnisses. In: Hellmann, W.: Kooperative Kundenorientierung im Krankenhaus. Ein wegweisendes Konzept zur Sicherung von mehr Qualität. Kohlhammer Stuttgart. S. 83–86

Hellmann, W. (2019): Medical Hospital Manager Junior kompakt. Managementwissen für Studierende im Praktischen Jahr und Neueinsteiger im Krankenhaus. Kohlhammer, Stuttgart

Hellmann, W. (2020): Qualität im Krankenhaus- ein ganzheitlicher Ansatz. In: Hellmann, W., Schäfer, J., Ohm, G., Rippmann, K., Rohrschneider, U. (Hrsg.): SOS Krankenhaus. Strategien zur Zukunftssicherung. Kohlhammer, Verlag, Stuttgart. S. 138–145

Hellmann, W. (2021): In Hellmann, W. (Hrsg.): Kooperative Versorgungsformen- Chance für den ländlichen Raum. Praxisbeispiele, Konzepte, Wissensvermittlung. Mediengruppe Oberfranken, im Druck

Krahe, S., Kirstein, B. (2020): Führen in Zeiten von Corona und Co. Plädoyer für ein ressourcenorientiertes Führungsverständnis. KU Gesundheitsmanagement 8, S. 18–19

Lorenz, M. (2020): Digital Leadership: Was Führungskräfte von morgen heute wissen sollten. Springer Gabler, Wiesbaden

Lorenz, M., Lucht, S. (2016): Erfolgreiche Führung durch Kommunikation. grow-up.-Reihe Führungswissen punktgenau, gummersbach

Mühle, U (2020): Dienstzeiten flexibel gestalten. Pilotprojekt „Harmonisierung von Dienstzeiten und Prozessen. KU Gesundheitsmanagement 8, S. 20–22

Rall, M. (2021): Teamtrainings als Chance für die Minimierung von Personalfluktuation in Gesundheitsnetzwerken. In: Hellmann, W. (Hrsg.): Kooperative Versorgungsformen- Chance für den ländlichen Raum. Praxisbeispiele, Konzepte, Wissensvermittlung. Mediengruppe Oberfranken, im Druck

Rohrschneider, U. (2020): Mit motivorientierter Mitarbeiterführung Zufriedenheit und Bindung erhöhen In: Hellmann, W., Meyer, F., Ohm, G., Schäfer, J. Hrsg.): Karriereplanung für Mediziner. Der Weg in Führungspositionen ist weit, aber er lohnt sich. Kohhammer, Stuttgart. S. 111–130

Schencking, F. (2020): Führung statt Fahren auf Sicht. Frankfurter Allgemeine Zeitung, S. 16, Montag 27. Juli 2020, Nr. 172

Schilling, T., Jäger, C., Haverich, A. (2009): Perspektiven zur Optimierung der Qualität in der Herzchirurgie. Deutsch Med Wochenschr 134: 5230–5231

Strametz, R., Aktionsbündnis Patientensicherheit e.V. (Hrsg.) (2021): Mitarbeitersicherheit ist Patientensicherheit. Psychosoziale Unterstützung von Behandelnden im Krankenhaus. Kohlhammer, Stuttgart (im Druck)

Universitätsklinikum Rostock (2020): Pflege an Rostocker Universitätsmedizin wird flexibel. kma online: Universitätsklinikum Rostock, 3.8.2020

West, E. (2001): Management matters: the link between hospital organization and quality of patient care. Qual Health Care: 10: 40–48

Praktisches Jahr (PJ) und Ärztliche Weiterbildung- Modifizierte Organisation und Neuaufstellung als Chance

4

4.1 Das PJ als „Erlebnisreise" sichert Weiterzubildende und ist Bestandsicherung für Kliniken

Problemstellung

Die attraktive Gestaltung des PJ durch den Leitenden Arzt ist von besonderer Bedeutung für die Rekrutierung und Bindung des Ärztenachwuchs. **„Erlebnisreise" soll hier beinhalten nachhaltige Eindrücke mit Weckung von Begeisterung für die Tätigkeit in der Ärztlichen Weiterbildung und als Facharzt.** Ein „einfaches Praktikum" mit nicht aufeinander abgestimmten Tätigkeiten in der Patientenversorgung darf es somit nicht sein. Natürlich ebenfalls keine Zeit mit Degradierung der Studierenden zu „Helfern für Alles". Vielmehr sollte das PJ inhaltlich und praktisch auf die anschließende Weiterbildung ausgerichtet sein und ausschließlich das Ziel verfolgen, die medizinische und managementorientierte Kompetenz des Nachwuchses zu fördern und zu erweitern. Dies, auch didaktisch-methodisch klug „verpackt", soll und kann Begeisterung für den ärztlichen Beruf wecken! Dass dies nur mit engagierten Ausbildern möglich ist, die für ihre ärztliche Tätigkeit „brennen", versteht sich von selbst. Daraus folgt: Der Leitende Arzt ist gut beraten, kompetentes, engagiertes und charismatisches ärztliches Personal für die Ausbildung der PJ-Studierenden verfügbar zu machen.

Handlungsoptionen

Bezugnehmend auch auf Erfahrungen von Studierenden aus dem PJ (Schmidt 2021) ergibt sich ein größeres Spektrum von Optimierungsmöglichkeiten. Offen muss die Frage bleiben, was unter schwierigen Bedingungen (Corona) derzeit umsetzbar ist.

© Der/die Autor(en), exklusiv lizenziert durch Springer Fachmedien
Wiesbaden GmbH, ein Teil von Springer Nature 2021
W. Hellmann, *Chirurgie hat Zukunft*, essentials,
https://doi.org/10.1007/978-3-658-33829-9_4

(1) Keine Zuordnung einer Statistenrolle, sondern Teamintegration

Betrachten Sie den PJ- Studierenden nicht als Praktikanten „außerhalb" des Teams Ihrer Fachabteilung oder als „Mädchen für alles". Integrieren sie ihn als „anerkanntes Teammitglied" und weisen Sie ihm Aufgaben zu, die seiner späteren ärztlichen Tätigkeit und Karriere förderlich sind. Nicht übersehen werden sollte, dass eine reine Statisten- oder Beobachterrolle, z. B. bei einer Visite oder auch Abteilungsbesprechung, dem Gedanken der gewünschten Teamintegration widerspricht.

(2) Organisationskultur mit Situations- und Prozessfeedback

Stellen Sie eine Organisationskultur sicher, in welcher die Studierenden auf breiter Basis kontinuierlich „Situations- und Prozessfeedback" erhalten. Zu berücksichtigen ist: Feedback ist keine Einbahnstraße. Die Studierenden müssen ebenfalls Feedback geben, da, wo es sinnvoll und notwendig ist (z. B. bei sie nicht befriedigenden Lernfortschritten).

(3) Eindeutige Zuordnung zu Mentoren

Eine zufällige Verteilung zu unterschiedlichen Betreuern, je nach gerade zu bewältigenden Arbeitsabläufen, ist für Studierende im PJ nicht zielführend. Sie bedürfen einer klaren Zuordnung zu Mentoren. Klare Zuständigkeiten nützen dem Auszubildenden und dem betreuenden Arzt. Sie sind Basis für das Schaffen von Vertrauen, Feedback wird damit zielorientiert. Dies nützt auch dem Patienten.

(4) Eigenverantwortliches Handeln

„Anvertraute professionelle Tätigkeiten" stärken die Fachkompetenz und das Selbstbewusstsein (MFT 2019).

► **Tipp**

Die Übertragung eigenverantwortlicher Handlungen im PJ ist zwingend. Viel „Zeit zum Üben" steht vor Beginn der Ärztlichen Weiterbildung nicht zur Verfügung. Möglichkeiten zu eigenverantwortlichem Handeln müssen deshalb breit angelegt werden, da es bereits in der Weiterbildung massiv gefragt ist. Die Einbeziehung des Konzepts APT (entrustable professionell activities) ins PJ ist sinnvoll. Es ist ein bewährtes und breit anerkanntes Konzept zur Fokussierung auf die stufenweise Übernahme von Verantwortung. In dokumentierter Form bieten APTs

zudem die Möglichkeit, den PJ- Studierenden eine Selbstreflexion ihrer Lernfortschritts zu ermöglichen, indem sie „Zugewinne in Leveln" sehen und vorweisen
können (Berberat et al. 2019, Schmidt 2021).

Fallbeispiel
Ein FA fällt plötzlich aus, der Weiterzubildende muss einspringen, z. B. in
Bezug auf einen operativen Eingriff. Dies darf er aber nur, wenn er sich einer
„Selbstüberprüfung" unterzogen hat und danach davon ausgeht, dass er dem
„Facharztstandard" Rechnung tragen kann. Unterlässt er diese Prüfung oder
verfügt er nicht über die notwendigen Fähigkeiten, kann dies im Falle eines
Behandlungsfehlers schwere Folgen für ihn haben.

(5) Ganzheitliches Lernen als didaktisches Prinzip

Die Stückelung von Tätigkeiten für Patienten ist wenig sinnvoll und kann aus
grundsätzlichen und praktischen Gesichtspunkten nicht empfohlen werden. Eine
bessere Alternative ist eine ganzheitliche Betrachtung, die einzelne Patienten in
den Mittelpunkt stellt und den gesamten Verlauf der „Patient Journey" über die
Diagnostik bis hin zur Entlassung im Auge hat.

„Ganzheitliches Lernen direkt am Patienten" ist eine Lernform, die von Studierenden ausdrücklich gewünscht wird (Schmidt 2021).

▶   **Tipp**

Die Zuweisung eigener Patienten ist wichtige Grundlage für die Förderung selbst-
ständigen Handelns und Denkens beim PJ Studierenden. Versteht man eine
entsprechende Vorgehensweise als didaktisch-methodisches Prinzip, dann ergibt
sich daraus auch ein Beitrag für mehr Sicherheit für Patienten. Gleichzeitig kann
dies die Eigenständigkeit und Selbstsicherheit der Studierenden fördern.

(6) Wunsch nach Teamorientierung

Impliziert das Lernen von Zusammenarbeit Die junge Generation wünscht Teamorientierung. Insoweit wundert es nicht, dass die Zusammenarbeit mit anderen
Berufsgruppen, und hier besonders der Pflege, ausdrücklich gewünscht wird. Dies
sollte uneingeschränkt und massiv gefördert werden. Zunehmend werden Ärzte
und Pflegekräfte gemeinsam in „Therapeutischen Teams" verankert. Gute Zusammenarbeit ist dazu unerlässlich. Sie sollte somit möglichst früh „geübt" werden
können. Möglich ist dies z. B. auf „Interprofessionellen Ausbildungsstationen
(IPSTAs)" (Mihaljevic et al. 2018). Sie fokussieren auf interprofessionelle Visiten

und Besprechungen oder auch auf die Entwicklung von Behandlungskonzepten für Patienten.

(7) Bereitstellung eines eigenen Arbeitsplatzes

Eigenverantwortlichkeit sollte sich auch spiegeln in einem eigenen, zugeordneten Arbeitsplatz mit Zugriffsmöglichkeiten auf das Patientenverwaltungssystem (Schmidt 2021).

Ein freier Zugang zu einem PC bzw. zum Patientenverwaltungssystem ist wünschenswert, um Laborwerte etc. für Überlegungen zur Weiterbehandlung des Patienten zur Verfügung zu haben. Inwieweit Fragen des Datenschutzes dem Ausbildungsstatus der Studierenden entgegenstehen, muss ggf. geprüft werden.

(8) Reflexion des eigenen Lernfortschrittes

Grundsatz jedes Studiums sollte sein, dass Studierenden regelmäßig Hinweise auf den Stand des Gelernten bzw. Lernfortschritte gegeben werden. Diese Notwendigkeit sollte auch bei der Ausbildung der PJ-Studierenden zum Tragen kommen. Ergibt sich Lernzuwachs, motiviert dies in der Regel zu weiteren Aktivitäten zur Steigerung des Levels an Wissen. Hier muss das Rad nicht neu erfunden werden. Verwiesen sei auf Konzepte wie Mini Clinical Evaluation Exercise (Mini-CEX) und Direct Observation of Procedural Skills (DOPS). Dies sind „formative Prüfungen" zur Erfassung von Lernfortschritten und Reflexion (Schmidt 2021).

(9) Zielorientiertes Lehren

Die Fähigkeit zielorientiert zu lehren ist ein massives Defizit, selbst bei Hochschullehrern. Dies kann aber jederzeit geheilt werden, auch im Hinblick auf das PJ und die Ärztliche Weiterbildung. Denn: „Lehre kann man lernen" (Höppner u. Büscher 2011, Körner und Becker 2018; Mette 2018), Strodtmann 2019).

Die fachlichen Kenntnisse sind das Eine, die richtigen Inhalte auszuwählen das Andere. Für diese Fähigkeit qualifiziert auch keine Habilitation, Hellmann 2020). Insoweit sind einschlägige Schulungen für die Betreuung von PJ- Studenten und Weiterzubildenden sinnvoll, die neben fachlichen Inhalten methodisch-didaktische Qualifikationen vermitteln. Die richtige Auswahl eines Stoffes für die richtigen Adressaten, steigert die Qualität des Lernfortschritts für die Aus- und Weiterzubildenden. Das Masterprogramm des BDC zur Qualifizierung von Betreuern in der Weiterbildung ist ein erster guter Schritt dazu (Siebolds et al. 2017). Dieser kann durch die Vermittlung methodisch- didaktischer Qualifikationen noch optimiert werden.

(10) Interpretation von Studien

Der namhafte Bildungsforscher Grigenzer hat aktuell in Zusammenhang mit Zweifeln am Impfstoff von Astrazeneca (Focus Online 2021) und bereits früher (Wegwarth, O, Gigerenzer 2011) auf mangelnde Statistikkenntnisse bei Ärzten hingewiesen: „Die wenigsten Mediziner erhalten eine angemessene Ausbildung im Verständnis von Evidenz, also wie man auf Basis von Studienergebnissen die Wirkung einer Therapie richtig beurteilt". Er führt weiter aus: „Viele Mediziner verstehen selbst grundlegende Statistiken nicht, weil das nicht ausreichend gelehrt wird. Es herrscht weitgehende, aber unnötige kollektive Zahlenblindheit." Weiterhin gibt er an: „Es liegt an der mangelnden Einsicht der Institutionen, dass es eben wichtig wäre, dieses Denken so zu lehren, dass man es auch versteht". An den Aussagen des Wissenschaftlers besteht kein Zweifel. Die mangelnde Interpretationsfähigkeit von Studien durch Ärzte ist eine „Baustelle", die auch seitens der Chirurgie intensiver Bearbeitung bedarf. Für eine zügige Umsetzung hat der Autor dieses Buches keine umfassende Lösung, er folgt aber den Anregungen des Wissenschaftlers, ggf. bereits in der Schule auf mehr Statistik hinzuarbeiten und in der universitären Ausbildung statistisches Denken zu lehren. Dies beinhaltet allerdings einen lange Vorlaufzeit und kann somit nicht die aktuellen Probleme in der Aus- und Weiterbildung von Ärzten lösen.

▶   **Tipp**

Hinterfragen Sie bei Ihren Medizinstudierenden im PJ und bei Weiterzubildenden Art und Umfang von Statistikkenntnissen. Bieten Sie, wenn notwendig, eine hausinterne Fortbildung zur Statistik und deren praktischer Anwendung für die Interpretation von Studien an. Erweitern Sie dies durch praktische Beispiele zu Krankheitsbildern von eigenen Patienten im Kontext partizipativer Entscheidungsfindung und im Sinne von „Lernen am und mit dem Patienten".

Wichtig

Die Lösung des Problems hat hohe Dringlichkeit. Es stellt sich die Frage, wie Ärzte im Kontext „Partizipativer Entscheidungsfindung (PEF)" vorgehen sollen (Härter u. Simon 2011). Wie sollen sie beispielsweise, gemeinsam mit dem Patienten, zu einer guten Entscheidung für die Auswahl einer Krebstherapie kommen, wenn sie grundlegende Studienergebnisse nicht interpretieren und daraus Rückschlüsse für die Therapie ableiten können?

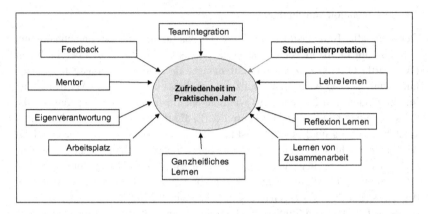

Abb. 4.1 Die 10 Erfolgsfaktoren für Arbeitszufriedenheit im Praktischen Jahr (PJ)

Eine zusammenfassende Übersicht der wichtigsten Modifizierungen für das PJ ergibt sich nachfolgend (Abb. 4.1).

4.2   Gute Ärztliche Weiterbildung hat Magnetwirkung für den ärztlichen Nachwuchs und sichert die Zukunft von Kliniken

Problemstellung

Ärztliche Weiterbildung ist Stiefkind an deutschen Kliniken und weist gemäß einer Studie des Marburger Bundes (Marburger Bund 2017) und anderer Autoren (Bussche et al. 2017) massive Defizite auf. Diese Defizite bedürfen schneller Beseitigung. Gute Ärztliche Weiterbildung ist ein schlagkräftiges Instrument für die Rekrutierung und Bindung von Fachärzten. Die Umsetzung wird erschwert durch Ärztemangel und zunehmende Arbeitsdichte für die Weiterbildung geeigneter Betreuer wie Chef- und Oberärzte. In einzelnen Fällen aber auch durch die fehlende Bereitschaft, Zeit für die Weiterbildung bereit zu stellen.

Die strukturell- konzeptionelle Ausrichtung von Weiterbildung, die von Ärztetag und Ärztekammer zu verantworten ist, lässt viele Wünsche offen, auch wenn erstmalig die Vermittlung von Themen wie „Ärztliche Gesprächsführung,

„Zielorientierte Zusammenarbeit", „Ärztliche Haltungen und Rollen" thematisch eingefordert werden.

An diesen grundlegenden Strukturveränderungen, die natürlich nicht in den Verantwortungsbereich der Kliniken fallen, kann der einzelne Arzt, der attraktive Weiterbildungsangebote machen möchte, zwangsläufig nichts ändern. Er hat aber durchaus eine Vielzahl von Möglichkeiten Weiterbildung in seiner Einrichtung vor Ort attraktiv zu machen.

Handlungsoptionen

(1) Didaktische methodische Qualifikationen

Förderung des Erwerbs didaktisch-methodischer Qualifikationen von Ärzten, die Weiterzubildende betreuen sollen oder die zur Weiterbildung bereits ermächtigt sind.

(2) Modifiziertes Rollenverständnis betreuender Ärzte

Einwirkung auf den Übergang zu einem modifizierten Rollenverständnisses mit Fokussierung auf Transparenz, Teamorientierung und kollegiale Entscheidungsfindung bei Mitarbeitern und situativ ausgerichtete Kommunikation bei unterschiedlichen Patientenklientelen.

(3) Zukunftsthemen

Veranlassung von betreuenden Ärzten zur Auseinandersetzung mit Themen wie „KünstlicheIntelligenz" und „Digitalisierung". Weitere aktuelle Themen wären: „Kluge Wege im Personalmanagement bei Fachkräfte- und Finanzmangel", „Zusammenarbeit zwischen Ärzten und Ökonomen neu gedacht", „Führung im Kontext von Digitalisierung" und „Innovative Unternehmensstrategien im Kontext der Gewinnung neuer Geschäftsfelder für Krankenhäuser und ambulante Einrichtungen". Begriffe wie: „P-4 Modell Gesundheit", „Design-Thinking", „Futurity-Thinking" und „Scrum Technik" (Kottmair 2020), „Luxxprofile" (Rohrschneider 2020), „3-Komponenten Modell für Qualität" (Hellmann 2020) oder „Smart Hospital" (Eusterholz 2020), wenn von Ärzten in der Weitbildung genannt, sollten bei Ausbildern nicht fragende Gesichter hervorrufen, sondern von diesen mit Inhalt gefüllt werden und in einen strategischen Kontext zur Weiterentwicklung von Versorgungseinrichtungen gestellt werden können.

(4) Neue Versorgungskonstellationen und Geschäftsfelder

Im Kontext der von Krankenkassen und privaten Klinikketten betriebenen „Bereinigung des Krankenhausmarktes" bzw. der politisch gewollten Stärkung ambulanter Versorgung müssen Ärzte über neue Versorgungskonstellationen (Kooperationen, Integrierte Versorgung), aber auch über innovative Geschäftsfelder des Krankenhauses informiert sein.

(5) Weiterbildungskonzept

Über inhaltliche Aspekte, wie dargelegt, hinaus bietet sich die Umsetzung eines Weiterbildungskonzeptes auf Grundlage einer Ist- Analyse, Auswertung durch eine hausinterne Weiterbildungskommission und Erstellung eines Maßnahmenkatalogs zur Weiterbildung (Kap. 6.2) an. Dies sollte gemeinsam von der Geschäftsführung mit den Chefärzten entwickelt werden und darauf abzielen, dass in unterschiedlichen Fachabteilungen, insbesondere in Chirurgie, Innerer Medizin und Intensivmedizin Fachweiterbildungen qualitativ hochwertig absolviert werden können.

Insgesamt ergeben sich aus den vorgeschlagenen Veränderungen große Herausforderungen für das Krankenhaus, deren Bewältigung sich aber lohnt. Damit wird die Sicherstellung einer ausreichenden Anzahl von Fachärzten auf eine gute Basis gestellt.

Wichtig

Ärzte mit ausschließlich medizinischer Expertise sind für die Betreuung von Ärzten in Fachweiterbildung nur eingeschränkt geeignet. Erforderlich sind zusätzliche Managementqualifikationen (Hellmann 2020) und methodisch-didaktisches Geschick. Dies beinhaltet die Fähigkeit notwendige Lehrinhalte auswählen und angemessen aufbereiten zu können (Abb. 6.1). Anders ausgedrückt: „Alles steht und fällt mit der didaktisch- methodischen Kompetenz der betreuenden Ärzte". Fehlt diese, was bei den meisten zur Weiterbildung ermächtigten Ärzten der Fall sein dürfte, nützt das beste Fachwissen nichts. Vor diesem Hintergrund ist es anerkennenswert, dass der Bundesverband BDC, gemeinsam mit anderen Berufsverbänden, ein Fortbildungsprogramm zur Verbesserung Ärztlicher Weiterbildung aufgelegt (Siebolds et al. 2017), die Notwendigkeit der Optimierung der Weiterbildung zur Diskussion gestellt (Rollinger und Kirschniak 2019) und auch auf ein Umdenken in der Weiterbildung im Kontext der übergeordneten Verantwortlichkeiten durch die Ärzteschaft hingewiesen hat (Schmitz 2013).

Literatur

Berberat u. a. (2019): Anvertraubare Professionelle Tätigkeiten im Praktischen Jahr Vorschlag zur Weiterentwicklung des PJ-Logbuchs in Deutschland. GMS J Med Educ36(6):Doc70. (https://www.egms.de/static/de/journals/zma/2019-36/zma001278.shtml, zuletzt geprüft am 20.08.2020)

Bussche, v. d. H., Krause- Solberg, L., Scherer, M., Ziegler, S. (2017): Lernprozesse und Lernprozess in der ärztlichen Weiterbildung in Deutschland. GMS J Med Educ 2017; 34 (5) Doc 54

Eusterholz, M. (2020): Smart Hospital- das Krankenhaus der Zukunft. In: Hellmann, W., Meyer, F., Ehrenbaum, K., Kutschka, I. (Hrsg.): SOS Krankenhaus. Strategien zur Zukunftssicherung. Kohlhammer, Stuttgart. S. 324–338

Focus Online (2021): Impfstoff wird zum Ladenhüter. Forscher zu Astrazeneca Zweifeln. Viele Mediziner verstehen grundlegende Statistiken nicht (Gigerenzer). 24.02.2021 Focus Online

Härter, M., Simon, D. (2011): Patienten partizipative Entscheidungsfindung und wie wird das gemessen? In: Gigerenzer, G., Gray. J.A. (Hrsg.): Bessere Ärzte, bessere Patienten, bessere Medizin. Aufbruch in ein transparentes Gesundheitswesen. Medizinisch-Wissenschaftliche-Verlagsgesellschaft, Berlin. S. 55–60

Hellmann, W. (2020): Qualität im Krankenhaus- ein ganzheitlicher Ansatz. In: Hellmann, W., Meyer, F., Ehrenbaum, K., Kutschka, I. (Hrsg.): SOS Krankenhaus. Strategien zur Zukunftssicherung. Kohlhammer, Stuttgart. S. 324–338

Höppner, H., Büscher, A. (2011): Wie lehrt und lernt man Kooperation? In: RobertBosch-Stiftung: Memorandum Kooperation der Gesundheitsberufe. Qualität und Sicherstellung der zukünftigen Gesundheitsversorgung. Stuttgart: Robert Bosch Stiftung, 15–18

Körner, M., Becker, S. (2018): Zusammen das Ziel erreichen. Teamcoaching zur Verbesserung der Interprofessionellen Zusammenarbeit, KU Gesundheitsmanagement 5, S. 15–17

Kottmair, S. (2020): Innovative Strategiekonzepte und neue Geschäftsfelder zur Wettbewerbssicherung im Krankenhausmarkt. In: Hellmann, W., Meyer, F., Ohm, G., Schäfer, J. (Hrsg.): Karriereplanung für Mediziner. Berufsbild, Aufgaben, Karriereoptionen. Kohlhammer, Stuttgart. S. 131–143

Marburger Bund- Pressestelle (Hrsg.) (2017): Studie zur Qualität der ärztliche Weiterbildung.: M-Monitor 2017, Zusammenfassung der Ergebnisse vom 6.7.2017

Medizinischer Fakultätentag (MFT), Arbeitsgruppe PJ (2019): Anvertraubare Professionelle Tätigkeiten (APT). Konzept für die Ausbildung im Praktischen Jahr Chirurgie. Leitfaden. Berlin

Mette, M. (2018): Interprofessionelles Lernen und Zusammenarbeit üben. MIA die Monnheimer Interprofessionelle Ausbildungsstation: Ein Beispiel aus dem klinischen Kontext. KU Gesundheitsmanagement 5, 24–26

Mihaljevic AL, Schmidt J, Mitzkat A.: Heidelberger Interprofessionelle Ausbildungsstation (HIPSTA) (2018): A practice- and theory-guided approach to development and implementationof Germany's first interprofessional training ward. GMS J Med Educ. 35(3): Doc33. https://doi.org/10.3205/zma001179

Rohrschneider, U. (2020): Veränderungen im Krankenhaus erfolgreich gestalten. In: Hellmann, W., Meyer, F., Ehrenbaum, K., Kutschka, I. (Hrsg.): SOS Krankenhaus. Strategien zur Zukunftssicherung. Kohlhammer, Stuttgart. S. 324–33

Rollinger, J., Kirschniak, S. (2019): Bausteine der chirurgischen Weiterbildung. Passion Chirurgie 9 (10): Artikel 03_01

Schmidt, J. (2021): Das Praktische Jahr. Vorschläge zu einer Verbesserung der Lehr- und Organisationsqualität: In: Hellmann, W. (Hrsg.): Die junge Generation zeigt Flagge. Vorschläge zu Studium Weiterbildung und Arbeitsbedingungen im Krankenhaus Kohlhammer, Stuttgart, im Druck

Schmitz, R. (2013): Nachwuchs und Weiterbildung in der Chirurgie- unkonventionelles Denken ist gefragt. Passion Chirurgie. Januar; 3 (01): Artikel. 03 _02

Siebolds, M., Ansorg, J., Hennes, N., Denkinger, M. (2017): Gute Facharztweiterbildung vor Ort fördern. Das Masterkonzept zur strukturierten Facharztweiterbildung. Hrsg.: Berufsverbände BDC, BDI, BVOU

Strodtmann, L. (2019). Interaktives Lernen im i „Horrorzimmer". Niedersächsisches Ärzteblatt 12, S. 27

Wegwarth, O., Gigerenzer, G. (2011): Mangelnde Statistikkenntnisse bei Ärzten. In: Gigerenzer, G., Gray. J.A. (Hrsg.): Bessere Ärzte, bessere Patienten, bessere Medizin.Aufbruch in ein transparentes Gesundheitswesen. Medizinisch-Wissenschaftliche-Verlagsgesellschaft, Berlin. S. 137–151

Mitwirkung der Generation Y ist für das Gelingen des PJ unverzichtbar

5

Problemstellung

Berechtigte Forderungen der jungen Generationen für das Praktische Jahr müssen umgesetzt werden (Hellmann 2019a, b, 2020). „Rund" kann das aber nur werden, wenn die Studierenden bereit sind, dazu einen angemessenen Beitrag zu leisten und die Optimierung des PJ als Gemeinschaftsaufgabe verstehen.

Handlungsoptionen

(1) Status reflektieren und eigene Grenzen richtig einschätzen

Die Bezeichnung „gleiche Augenhöhe", auch im Hinblick auf Zusammenarbeit, ist nur begrenzt passend. Sie passt dann, wenn damit ausschließlich Respekt und Wertschätzung gegenüber dem Anderen (hier Medizinstudierender im PJ) verstanden wird. Dies muss uneingeschränkt gegeben sein. Sie passt aber nicht unter fachlich-wissenschaftlichem Aspekt. Der Wissenstand und die Erfahrungen eines Chefarztes sind in keiner Weise vergleichbar mit dem zwangsläufig geringen Erfahrungshintergrund eines Medizinstudierenden im PJ. Insofern wäre es wünschenswert die Bezeichnung „gleiche Augenhöhe" für das Binnenverhältnis zwischen Leitendem Arzt und Studierenden nicht zu benutzen. Nichts einzuwenden ist gegen den Gebrauch der Formulierung in Bezug auf Therapeutische Teams, in denen erfahrene Pflegekräfte und Ärzte „gleichberechtigt" zusammenarbeiten.

W. Hellmann, *Chirurgie hat Zukunft*, essentials, https://doi.org/10.1007/978-3-658-33829-9_5

▶ **Tipp**

Unabhängig davon sollten Studierende berücksichtigen, dass sie Lernende sind und dafür definierte Maßstäbe anzulegen sind, auch im Hinblick auf den Dialog mit Betreuern, anderen Berufsgruppen und Patienten.

(2) Umgang mit dem ärztlichen Betreuer im PJ

- Aussagen mit besserwisserischer Attitüde vermeiden
- Praktizieren einer freundlichen Sprache
- Kritik anbringen, wo erforderlich und nur dann, wenn sie aus Ihrer Sicht dem Gegenüber weiterhelfen kann bzw. ggf. dadurch Fehler vermieden werden können

(3) Umgang mit anderen Berufsgruppen

- Seien Sie offen, gehen Sie auf den Anderen vorbehaltslos zu.
- Gerade unter dem Aspekt der Affinität zu berufsgruppenübergreifender Zusammenarbeit (Hommel 2019, Ewers u. Herinek 2020), ist es wichtig zu erfahren „wer das Gegenüber ist" und welchen Zwängen es ggf. in Bezug auf Zusammenarbeit ausgesetzt ist.
- Sind Kontakte auf diesem Weg hergestellt, sind die Türen für Sie geöffnet, z. B. bei Anliegen an Controlling oder Qualitätsmanagement.

(4) Umgang mit Patienten

- Streben Sie frühestmöglich breite Kommunikations- und Kooperationsfähigkeit kann.
- Versuchen Sie sich gezielt auf die Bedürfnisse unterschiedlicher Patientenklientele einzustellen und pflegen Sie a Adressatengerecht eine einfache Sprache ohne Fachtermini mit guter Verständlichkeit.
- Behandeln Sie die Patienten als Kunden. Und der Kunde ist „König". Sie sind hingegen Dienstleister, der die Kundenwünsche erfüllen muss. Persönliche Interessen haben dabei in den Hintergrund zu treten.
- Seien Sie offen für neue Wege in der Patientenversorgung, Veränderungsmanagement eröffnet auch neue Chancen.

(5) Das Leid mit der Ökonomie- Zielrichtung richtig einschätzen

* Verwechseln Sie nicht „Ökonomie" mit „Wirtschaftlichkeit".
* Glauben Sie nicht der Aussage, ökonomische Zielvereinbarungen seien ein fortschrittliches Instrument des Krankenhausmanagements.

In der Regel geht dies zulasten der Patienten, dauerhaft werden nachhaltige ökonomische Zwänge ein Krankenhaus vor roten Zahlen oder Insolvenz nicht bewahren können. Nicht im Widerspruch zur Favorisierung ökonomischer Ziele steht die Herstellung von Redundanz zwischen hoher Versorgungsqualität und Wirtschaftlichkeit.

▶ **Tipp**

Dieses angemessen leisten zu können, wird eine der wesentlichen Herausforderungen Ihrer späteren ärztlichen Tätigkeit sein. Gelingt Ihnen das, werden Sie sich als „guter Arzt" bezeichnen können, der den Interessen seiner Patienten, aber auch der notwendigen Wirtschaftlichkeit bei knappen Kassen, Rechnung trägt.

Literatur

Ewers, M., Herinek, D. (2020): Gesundheit ist Teamarbeit. Gesundheit und Gesellschaft Ausgabe 2, 23. Jahrgang, S. 27–30.

Hellmann, W. (2019a): Gesundheitswesen: Quo Vadis? – Veränderungen im Krankenhaus mit Hinweisen zur Vorbereitung auf das Praktische Jahr (PJ). In: Hellmann, W.: Medical Hospital Manager Junior kompakt. Managementwissen für Studierende im Praktischen Jahr und Neueinsteiger im Krankenhaus. Kohlhammer, Stuttgart. Modul 14, S. 17–20.

Hellmann, W. (2019b): Zielorientierung für das Praktische Jahr und die erfolgreiche spätere ärztliche Tätigkeit. In: Hellmann, W.: Medical Hospital Manager Junior kompakt. Managementwissen für Studierende im Praktischen Jahr und Neueinsteiger im Krankenhaus. Kohlhammer, Stuttgart. Modul 14, S. 97–102.

Hellmann, W. (2020): Das Praktische Jahr (PJ)- Lehrjahre sind keine Herrenjahre (Kap. 4.2). In: Hellmann, W., Meyer, F., Ohm, G., Schäfer J. (Hrsg.): Karriereplanung für Mediziner. Der Weg in Führungspositionen ist weit, aber er lohnt sich. Kohlhammer, Stuttgart. S. 153–158.

Hommel, T. (2019): Sauerbruch war gestern. Gesundheit und Gesellschaft. Ausgabe 4, 22. Jahrgang, S. 16–17.

Konzepte zur Sicherstellung innovativer Aus- und Weiterbildung

6

6.1 Strategie für die Optimierung der Ausbildung im PJ

Problemstellung

Die Rahmenbedingungen und die Umsetzung des PJ in einzelnen Kliniken sind verschieden. Die nachfolgenden Ausführungen müssen sich deshalb auf eine grundlegende Vorgehensweise für die Optimierung beschränken.

Handlungsoption in Einzelschritten

- Ist- Analyse durchführen und Sollkonzept entwickeln
  Prüfen Sie, ob und wie die Vorgaben zum PJ in Ihrer Abteilung erfüllt sind und wo noch Defizite im Kontext von Kritik aus der Fachöffentlichkeit und von Studierenden augenfällig sind und beseitigt werden müssen.
- Medizinstudierende im PJ einbeziehen
  Beziehen Sie die in Ihrer Klinik tätigen Studierenden in die Diskussion mit ein, lassen Sie diese ihre Vorstellungen einbringen und entwickeln Sie mit diesen gemeinsam ein Sollkonzept. Benennen Sie auch einen studentischen Beauftragten für die Registrierung und Benennung von Defiziten.
- Implementierung des Sollkonzepts
  Implementieren Sie das Sollkonzept (in Zusammenarbeit mit der Geschäftsführung) möglichst in allen Fachabteilungen.
- Evaluierung
  Evaluieren Sie das jeweils neue Konzept im Abstand von 2 Jahren.

© Der/die Autor(en), exklusiv lizenziert durch Springer Fachmedien
Wiesbaden GmbH, ein Teil von Springer Nature 2021
W. Hellmann, *Chirurgie hat Zukunft*, essentials,
https://doi.org/10.1007/978-3-658-33829-9_6

6.2   Entwicklung eines Strategiekonzepts für die Optimierung Ärztlicher Weiterbildung

Problemstellung

Ärztliche Weiterbildung wird im Kontext der einschlägigen Vorgaben durch die zuständigen Ärztekammern umgesetzt, sie ist aber vielerorts noch Stiefkind und weist massive Defizite auf (Bussche et al. 2017, Hellmann 2020, Marburger Bund 2017). Hinzu kommt die nicht immer bestehende Bereitschaft von ärztlichen Führungskräften Weiterbildung überhaupt oder in ausreichendem Umfang anzubieten. Dies ist nicht tolerabel. Die Entwicklung eines Strategiekonzepts als Gemeinschaftsaufgabe von Geschäftsführung und Chefärzten ist eine gute Grundlage für die übergreifende Implementierung von Weiterbildung im Krankenhaus.

Handlungsoptionen

(1) Grundsätzliche Anforderungen an die Weiterbildung

* Orientierung an aktuellen medizinischen und methodisch-innovativen Fachinhalten (praktisch und forschungsorientiert)
* Einwirkung auf ein modifiziertes Rollenverständnis im Kontext neuer Patienten- und Mitarbeiterklientele
* Anwendung innovativer Formen von Kommunikation und Führung
* Gute Zusammenarbeit zum erklärten Ziel machen, um die Bestandsicherung des Krankenhauses langfristig sichern zu können
* Ökonomische Ziele nicht vorrangig vor Patienteninteressen stellen
* Wirtschaftlichkeit: Ja, Profitorientierung zulasten der Patienten: Nein.

(2) Ist- Analyse

* Abteilungen mit Weiterbildung?
* Strukturierung und Organisation der Weiterbildung?
* Einhaltung und Umsetzung der Vorgaben der zuständigen Ärztekammer?
* Kommunikation der Weiterbildung nach extern zur Rekrutierung des ärztlichen Nachwuchses (z. B. über Internet)?
* Kompetenzen der ermächtigen Ärzte (Managementkompetenzen, methodisch-didaktische Qualifikationen)?
* Berücksichtigung von aktuellen Fragen des Managements?

- Berücksichtigung von neuen, innovativen Versorgungskonzepten (Interdisziplinäre Behandlungskonzepte, Integrierte Versorgung, Versorgungskonzepte für den ländlichen Raum)?
- Befragungen von Weiterzubildenden zur Qualität der Weiterbildung?
- Fehlentwicklungen- welche, zukünftige Vorbeugung?
- Ausreichende Unterstützung durch die zuständige Ärztekammer bei Fragen?

Die Ergebnisse der Ist-Analyse sind zu reflektieren und zu analysieren. Empfohlen wird die Einrichtung einer Weiterbildungskommission bestehend aus Geschäftsführung, Chefärzten, den zur Weiterbildung bereits ermächtigen Ärzten und Ärzten mit Bereitschaft zur Betreuung von Weiterzubildenden. Im Rahmen der Sitzung der Weiterbildungskommission sollten die nachfolgenden Fragen beantwortet werden.

(3) Auswertung der Ist-Analyse

- Weiterbildung zukünftig nur über die bereits involvierten Abteilungen oder auf andere Abteilungen ausweiten?
- Wenn ja: Realisierbar mit den vorhandenen personellen und finanziellen Ressourcen?
- Infrage kommende Ärzte?
- Ausreichende fachliche Kompetenzen und Managementqualifikationen der Ärzte?
- Vermittlungsfähigkeit nach einschlägigen didaktischen und methodischen Regeln?
- Angebot von Fortbildungen zur Befähigung für die Durchführung von Weiterbildung?
- Möglichkeiten und Anreize zur Motivierung von Ärzten für die Mitwirkung an Weiterbildung?

Auf Grundlage der Ergebnisse aus der Weiterbildungskommission kann ein Maßnahmenkatalog erstellt werden, der Weiterbildung auf eine fundierte Basis stellt. Beispielhaft erfolgt nachfolgend der Bezug auf ein Krankenhaus, in dem bisher nur die Abteilung Allgemeinchirurgie Ärztliche Weiterbildung durchgeführt hat.

(4) Maßnahmen zur Weiterbildung

- Benennung für die Weiterbildung geeigneter Ärzte
- Prüfung der Qualifikationen (medizinische Expertise, Managementqualifikationen, didaktisch-methodische Qualifikationen, persönliche Integrität)

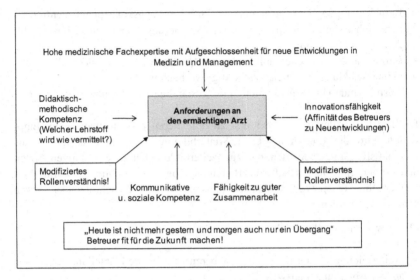

Abb. 6.1 Anforderungen an den ermächtigten Arzt für die Weiterbildung

- Prüfung der Bereitschaft der potenziellen Betreuer zur Kenntniserweiterung für die Betreuung und zur Förderung der Karriere der Betreuten?

Bezugnehmend auf Abb. 6.1 ergibt sich an notwendigen Qualifikationen:

- Vorbildcharakter, menschliche Integrität
- hohe Fachexpertise
- einschlägige Managementkompetenzen, Kommunikation und Führung
- Affinität zu neuen medizinischen und technischen Entwicklungen
- Fähigkeit zu vernetztem Denken
- hohe methodische und didaktische Kompetenz
- Rollenverständnis mit Fähigkeit, sich auf neue Patienten- und Mitarbeiterklientele einzustellen,
- hohe Kooperationsfähigkeit, auch mit besonderer Ausrichtug auf die jungen Generationen

Wichtig

Hohe methodisch-didaktische Kompetenz fehlt Betreuern von Weiterzubildenden in der Regel. Ein Strategiekonzept für das Krankenhaus muss dies in besonderer Weise berücksichtigen. Alle oben genannten Kompetenzen können durch einschlägige Fortbildungsprogramme und Schulungen erworben werden. Ist ein Strategiegesamtkonzept für die Implementierung und Nutzung von Weiterbildung erfolgreich erstellt worden, ist dies ein entscheidender Schritt zur dauerhafter Bestandsicherung, auch gegenüber Wettbewerbern.

6.3 Strategiekonzept „Magnetwirkung des Chefarztes" für die Rekrutierung von Studierenden für das PJ

Marketing zur Mitarbeiterrekrutierung ist Gemeinschaftsaufgabe von Geschäftsführung und ärztlichen Führungskräften. Leitende Ärzte können dabei eine „Magnetwirkung" erzielen (Hellmann 2020). Voraussetzung für eine erfolgreiche Rekrutierung ist aber die Glaubwürdigkeit. Das, was Gegenstand des Marketings sein soll, muss überprüfbar beim Chefarzt vorhanden sein.

Angenommen Sie bringen all die Eigenschaften mit, die bei einem Chefarzt hoher Fachexpertise und Managementkompetenz vorhanden sein sollten, auch im Kontext neuer Erfordernisse durch neue Patienten und Mitarbeiterklientele, können Sie „unbesehen" bei Ihrem persönlichen Marketing, z. B. im Internet bzw. den sozialen Medien, gemäß des nachfolgenden Vorschlags argumentieren.

Handlungsoptionen

- Ihre hohe medizinische Expertise, Ihre betriebswirtschaftlichen Kenntnisse und Ihre Fokussierung auf kollegiale Führung und Teamarbeit sind herausragende Merkmale für eine fundierte und erfolgreiche Aus- und Weiterbildung.
- Die Praktizierung eines modifizierten Rollenverständnisses mit Orientierung zu neuen Führungsmodellen mit Teamorientierung, Transparenz, innovativen Formen des Arzt-Patient-Dialogs für neue Patientenklientele, kollegialer Entscheidungsfindung im Abteilungsmanagement und Offenheit gegenüber neuen Techniken und der digitalen Transformation sind für Sie ohne Alternative.
- Gute und zielführende Bedingungen im PJ sehen Sie als eine Ihrer wichtigsten Herausforderungen an, vor allem als Basis für eine zielorientierte und qualitativ hochwertige Ärztliche Weiterbildung.

- Ihnen ist bewusst, dass eine qualitativ hochwertige Ärztliche Weiterbildung der Schlüssel zum dauerhaften Erfolg des Krankenhauses bzw. Ihrer Fachabteilung ist. Sie setzen sich deshalb nicht nur dafür ein, dass Weiterzubildende medizinisch und managementorientiert auf den neuesten Stand gebracht werden, sondern darauf bezogene Kenntnisse in der Patientenversorgung auch zielgerichtet praktisch anwenden können.
- Die Einbeziehung von einschlägigen Managementkenntnissen verstehen Sie als unabdingbare Notwendigkeit für eine spätere evtl. gewünschte Betreuung von Weiterzubildenden.
- In diesem Zusammenhang halten Sie die Vermittlung von didaktisch-methodischen Kenntnissen für Betreuer im PJ und in der Ärztlichen Weiterbildung für unverzichtbar.
- Ein wesentliches Ziel Ihres Engagements ist die Förderung des Vorankommens ihrer Mitarbeiter, auch im Kontext offener Karrierewege.
- Sie unterstützen deshalb massiv Vorhaben wie die Habilitation als Grundlage für die Führung von Fachabteilungen (Lehrstuhl, Universitätsprofessur).

▶ **Tipp**

Soweit Sie Ihren Adressaten glaubhaft machen können, dass Sie die genannten Ansprüche erfüllen und ein guter Arbeitgeber sein werden, sind Sie auf der Gewinnerstraße. Nicht nur durch Zuführung von Mitarbeitern zu Ihrem eigenen Wirkungsbereich, sondern auch zum gesamten Krankenhaus. Nutzen sollten Sie für Ihr „Rekrutierungsmarketing" die Möglichkeit elektronischer Ansprache (Internet). Binden Sie die Marketingabteilung in Ihre Vorstellungen zu Ihrem persönlichen Marketing ein und lassen Sie elektronische Konzepte für eine möglichst breite Kommunizierung Ihrer einschlägigen Qualifikationen entwickeln!

6.4 Lernen und Erwerb didaktisch- methodischer Qualifikationen für ärztliche Betreuer im PJ und in der Ärztlichen Weiterbildung

Problemstellung

Es ist hier nicht nur gemeint die Vermittlung von didaktisch-methodischer Kompetenz, also die Fähigkeit, den für einen spezifischen Adressaten relevanten Unterrichtsstoff auszuwählen. Es geht um mehr: Nämlich auch um die Auswahl der richtigen Methode, den Unterrichtsstoff in geeigneter Weise an die Adressaten zu bringen. Es würde hier zu weit führen, sich über die breiten Ansätze zur Methodik von Unterricht zu verlieren und auf Ansätze wie Vorlesungen, Seminare etc. einzugehen. Bezug wird aber genommen zu Methoden, die im Hinblick auf eine gute Patientenversorgung Bedeutung haben.

Handlungsoptionen

(1) Fachübergreifendes, teambasiertes Lernen
Beinhaltet das interdisziplinäre berufsgruppenübergreifende Lernen. Diese Methode wird zunehmend in Kliniken angewendet. Nutzen Sie diese Möglichkeit, wo immer Sie können, Sie schaffen damit eine wichtige Grundlage für eine gute Zusammenarbeit von Ärzten und Pflegekräften auf gleicher Augenhöhe im Sinne „Therapeutischer Teams".

(2) Lernen am Arbeitsplatz
Hier gilt das, was auch bereits für die Ausbildung im Praktischen Jahr und in der Weiterbildung gilt: Lernen am Patienten. Diese Lernform ist eine auf „Lebenszeit" und somit auch für erfahrene Ärzte hoch relevant (s, auch Davis 2013, S. 53–54).

(3) Erwerb didaktisch-methodischer Qualifikationen
Generell ist es für Ärzte schwierig, vor allem in Krisenzeiten mit vermehrter Arbeitsdichte und Stress, noch Zeit und Lust zu finden, Fortbildungen mit Präsenzcharakter überörtlich zu absolvieren. Limitierender Faktor ist die aufzuwendende Zeit. Es wird deshalb die Möglichkeit angeboten, mit wenig Zeitaufwand und kostenfrei an einem „Crash-Kurs" zur Stoffauswahl und Stoffvermittlung teilzunehmen. Der Zeitaufwand beträgt 4 Unterrichtsstunden. Zur Verfügung für den Unterricht stehen Pädagogen aus dem schulischen und dem Bereich der Erwachsenenbildung. Grundlegende biologisch-medizinische Kenntnisse liegen vor, meist erworben in Kursen zur Gesundheitsbildung (z. B. Patientenuniversität Hannover oder Gesundheitsbildung Schweiz e. V.). Entsprechende Veranstaltungen können vor Ort in den Kliniken durchgeführt werden, sie sind für die Kliniken honorarfrei. Besonderer Anreize für das Lehrpersonal bedarf es nicht. Es rekrutiert sich aus Personen, die im Sinne ehrenamtlicher Tätigkeit (im PJ oder der Ärztlichen Weiterbildung) einen Beitrag zu guter Aus- und Weiterbildung in der Medizin leisten möchten. Letztendlich profitieren ja auch die Lehrpersonen von einem Gesundheitswesen mit gut ausgebildeten Ärzten! Interessenten für eine entsprechende Schulung (minimale Teilnehmerzahl: 5 Personen) wenden sich bitte an den Autor dieses Buches (Hellmann-W@t-online.de).

Literatur

Bussche, v. d. H., Krause- Solberg, L., Scherer, M., Ziegler, S. (2017): Lernprozesse und Lernprozess in der ärztlichen Weiterbildung in Deutschland. GMS J Med Educ 2017; 34 (5): Doc 54.

Marburger Bund (2017) (Hrsg.): Ärztliche Arbeitsbedingungen. MB-Monitor 2017. Zusammenfassung der Ergebnisse. (https://www.marburgerbund.de/sites/default/files/files/201 8–09/mb-monitor-2017-zusammenfassung.pdf, zuletzt geprüft am 21.08.2020).

Hellmann, W. (2020): Ärztliche Weiterbildung (Kap. 4.5). In: Hellmann, W., Meyer, F., Ohm, G., Schäfer J. (Hrsg.): Karriereplanung für Mediziner. Der Weg in Führungspositionen ist weit, aber er lohnt sich. Kohlhammer, Stuttgart. S. 282–28.

Davis, D. A. (2013): Die medizinische Ausbildung neu denken. In: Gigerenzer, G., Gray. J.A. (Hrsg.): Bessere Ärzte, bessere Patienten, bessere Medizin. Aufbruch in ein transparentes Gesundheitswesen. Medizinisch-Wissenschaftliche-Verlagsgesellschaft, Berlin. S. 249–270.

Anregungen zur Öffentlichkeitsarbeit der Chirurgie

Problemstellung

Öffentlichkeitsarbeit durch Berufsverbände mit Focus auf Bindung und Rekrutierung des ärztlichen Nachwuchses ist eine heikle Angelegenheit. Einerseits geht es um eine kontinuierliche glaubwürdige Präsentation zu den Aktivitäten des jeweiligen Verbandes, (auch mit Focus auf die Einwerbung neuer Mitglieder), andererseits um die Lösung komplexer Probleme wie die Sicherung des ärztlichen Nachwuchses. Es wäre allerdings vermessen der Vorstellung erliegen zu wollen, die Nachwuchssicherung sei nur eine verbandspezifische Aufgabe für ein einzelnes Fach (Chirurgie). Gefordert ist die gesamte Ärzteschaft, denn das Nachwuchsproblem, ist eine generelle Herausforderung, sie beginnt mit der ausreichenden Bereitstellung von Studienplätzen. Insoweit sollte „Vielstimmenmentalität" der Vergangenheit angehören. Resultieren muss eine insgesamt positive Präsentation des Faches, die der Bedeutung ärztlicher Tätigkeit für die Gesellschaft gerecht wird und das Ansehen der Ärzteschaft stärkt.

7.1 Bestandsanalyse

Statements aus dem Bereich Chirurgie, vor allem in elektronischen Medien, ergeben nicht immer ein glückliches Bild. Stereotyp wird vorgetragen: „Die jungen Generationen sind schwierig, das Interesse an der Chirurgie nimmt mit zunehmendem Semester ab, im PJ wird deutlich, dass eine Facharztausbildung in der Chirurgie nicht gewünscht wird". Angaben und Sichtweisen zur Rolle Aus- und Weiterzubildender mit wenig Anziehungskraft für die junge Generation erscheinen ebenfalls wenig hilfreich (Siebolds et al. 2017) für eine erfolgreiche

W. Hellmann, *Chirurgie hat Zukunft*, essentials,
https://doi.org/10.1007/978-3-658-33829-9_7

Rekrutierung des ärztlichen Nachwuchses. Ärztefunktionäre aus BÄK, KBV und Weltärztebund tragen darüber hinaus durch gewöhnungsbedürftige Statements zur Verunsicherung der Bevölkerung bei (Corona). Regelrecht schädlich sind Aussagen mit Hinweis auf mangelnde Eignung weiblicher Bewerber für Chefarztstellen (Hagl 2019, Cleuziou u. a. 2019) oder Aussagen wie: „Sie brauchen keine Familie, Sie sind doch Chirurg" (Janert 2019). Insgesamt dürften entsprechende Angaben keine positive Ausstrahlung auf potenziellen Nachwuchs für die Chirurgie entfalten. Es muss positiv argumentiert werden!

Positiv erscheinende Aktivitäten einzelner Berufsverbände, so des BDC. Festgestellt wird:

„Es von entscheidender Wichtigkeit ist, die nächste Medizinergeneration bereits frühzeitig während des Studiums für die Wahl eines großen klinischen Faches zu begeistern" (Meyer 2017). Der Verweis auf das PJ ist in diesem Zusammenhang folgerichtig.

Forderungen nach einem strukturierten Weiterbildungsprogramm im Kontext bekannter Defizite sind zu begrüßen (Krüger und Ansorg 2017). Mit theoretischen Überlegungen alleine ist es jedoch nicht getan. Wünschenswert wäre die zügige Erarbeitung eines Programms mit „Bindungscharakter" für den ärztlichen Nachwuchs, z. B. als Teil der unten vorgeschlagenen „Rekrutierungs- und Bindungsoffensive der Chirurgie".

Aber: „Wo Schatten ist, da gibt es auch Licht": Wegweisende Überlegungen mit Vorschlägen zu Anreizen für die jungen Generationen ergeben sich im Kontext einer aktuellen Studie zur Generation Y (Schneider et al. 2020).

▶   **Tipp**

Insgesamt betrachtet sollte die Ärzteschaft nach Außen „kompetente Geschlossenheit mit positiver Ausstrahlung" demonstrieren und dies durch umfassende Anstrengungen zu innovativer Weiterbildung sichtbar machen.

7.2   Was noch getan und wie vorgegangen werden kann

Handlungsoptionen

(1) Leuchtturmstatus anstreben

Berufsverbände sind geeignete Kommunikatoren für die Belange der jungen Generation und können sich als „Leuchttürme für den ärztlichen Nachwuchs positionieren". Massiver Sachverstand liegt hier gebündelt vor.

Eine breitere Einbeziehung junger Ärzte in die Entscheidungsgremien ist wünschenswert, um „bewährte Sichten" mit „innovativen Wegen" verzahnen zu können. Ärztinnen sollten im Hinblick auf Aus- und Weiterbildung maßgeblich in entscheidenden Funktionen von Verbänden mitwirken können. Der Anteil von Frauen in den Krankenhäusern, wie auch im Medizinstudium, steigt immer stärker, ihre Interessen sind somit umfassend zu berücksichtigen. Optionen für Karriere und deren praktische Umsetzung müssen, auch im Rahmen von Publikationen, aufgezeigt werden. Vorbilder gibt es (Chiapponi und Leers 2020). Empfohlen werden können auch Kooperationen mit Universitätskliniken, die Unterstützung für innovatives Marketing, vor allem aus dem Bereich der Unternehmensentwicklung, geben können (van Loo und Düvelius 2020).

▶   **Tipp**

„Stimmungen erzeugen" (Burgdorf 2020), eine hervorragende Idee! Aber worum muss es gehen? Es geht um die Motivation der jungen Generation für die Fokussierung auf die Chirurgie, um ärztlichen Nachwuchs sichern zu können. Insoweit muss die Erzeugung einer Stimmung des Aufbruchs bei der jungen Generation höchste Priorität für Berufsverbände haben.

Diese muss sich niederschlagen in einer „Rekrutierung- und Bindungsoffensive der Chirurgie" über die konventionelle Presse, Fachorgane und vor allem über die elektronischen Medien.

(2) Rekrutierungs- und Bindungsoffensive – Positives kommunizieren!

- Darstellung der Chirurgie als attraktives Fach mit guten Bedingungen für Aus- und Weiterbildung
- Hinweise auf ein Umdenken in der Chirurgie: Modifiziertes Rollenverständnis, Orientierung auf neue Patienten- und Mitarbeiterklientele, Transparenz, Teamorientierung, Respekt im Umgang mit den jungen Generationen
- Eindeutige positive Aussagen zu hoher Wertschätzung und Förderung von Frauen in der Medizin
- Anreize für Aus- und Weiterbildung in der Chirurgie
- Vermeidung von Worthülsen wie „Königsdisziplin", „Chirurgen sind starke Männer".

- Das Märchen von der „Erlebnisreise Chirurgie" mag in früheren Zeiten ange-
kommen sein, die jungen Generationen sind realitätsbezogen, sie wissen, was
sie erwartet.

Wichtig
Kommunizieren Sie: „Die Chirurgie ist ein attraktives Fach und gekennzeichnet durch hohe fachliche Kompetenz, kontinuierliche Veränderungsbereitschaft,
Abschneiden alter Zöpfe und besonderer Aufgeschlossenheit gegenüber einer
engen Zusammenarbeit mit der jungen Generation."

(3) Perspektiven
   Empfohlen wird ein Nachdenken, über ein modifiziertes „Bild des Arztes",
das den neuen Erfordernissen und Rahmenbedingungen in der Patientenversorgung, auch im Kontext des 2. Gesundheitsmarktes, angemessen Rechnung tragen
kann. Das seinerzeit vom Verband der Leitenden Krankenhaus (VLK) entwickelte
Qualifikationsprofil für den Leitenden Arzt wurde bis heute nicht modifiziert, eine
Novellierung ist überfällig!

(4) Strategisches Vorgehen zur Planung und Umsetzung einer Rekrutierungs- und
Bindungsoffensive der Chirurgie

- Die Bemühungen für eine erfolgreiche Rekrutierung- und Bindungsoffensive
der Chirurgie sollten in einem Projekt ihren Niederschlag finden. Dies bedeutet
die Festlegung von: Projektziel, Procedere, Ergebnissicherung und Evaluation.
- Interdisziplinarität versteht sich von selbst. Beteiligt werden sollten vor allem
erfahrene Ärzte und Ärztinnen mit praktischer Erfahrung in leitender Position
(Chefärzte), Medizinstudierende im PJ, Ärzte in Weiterbildung und Fachärzte.
Im Hinblick auf die gewünschte Zusammenarbeit mit anderen Disziplinen wäre
eine Einbeziehung der Pflege sinnvoll.
- Die Federführung bzw. Leitung der Projektgruppe wäre sinnvollsweise der
Geschäftsführung des agierenden Berufsverbandes zu übertragen. Aus Grün-
den der Arbeitseffizienz sollte die Projektegruppe sich auf eine maximale
Teilnehmerzahl von 10 Personen beschränken.

Die vorgeschlagenen Anregungen erscheinen geeignet, einen Beitrag für eine
nachhaltige Rekrutierung und Bindung des ärztlichen Nachwuchses zu leisten.

Literatur

Burgdorf, F. (2020): Der BDC wird 60- wir gratulieren und blicken in die Zukunft. Passion Chirurgie. März, 9 (03): Artikel 07_01

Chiapponi, C., Leers, M. (2020): Praktische Karrieretipps für Ärztinnen unter besonderer Berückscihtigung der Besetzung von Führungspostionen (Oberärztin, Leitende Oberärztin, Chefärztin. In: Hellmann, W., Meyer, F., Ohm, G., Schäfer J. (Hrsg.): Karriereplanung für Mediziner. Der Weg in Führungspositionen ist weit, aber er lohnt sich. Kohlhammer, Stuttgart. S. 257–265

Cleuziou, J., Eschenbach, L., Alalawi, Z., Beran, E., Hubbuch, M., Neumair, M., Puluca, N., Samadinger, S., Vitanova, K., Voss, S. (2019): Die Medizin wird weiblich. Die Zeit Nr. 18, 25.April 2019

Hagl, C. (2019): Gleichberechtigung: Der große Unterschied. ZEIT Nr. 13/19.

Hellmann, W., Meyer, F., Ohm, G., Schäfer, J. (2020b) (Hrsg.): Ärztliche Karriere imKrankenhaus. Der Weg ist weit, doch er lohnt sich. Stuttgart: Kohlhammer, S. 172

Janert, J. (2019): Arztberuf ohne Nebenwirkung. Frankfurter Allgemeine Zeitung (FAZ) Nr. 297 (https://www.faz.net/aktuell/karriere-hochschule/hoersaal/arztberuf-ohne-nebenwirkung-welches-fach-passt-zu-mir-16544752.html, zuletzt geprüft am 21.08.2020.)

Krüger, M., Ansorg, J. (2017): Die Chirurgie braucht ein strukturiertes Weiterbildungsprogramm. In: BDC, BDI, BVOU, DGOU (Hrsg.): Vom jungen Arzt zum guten Facharzt. S. 14–16.

Schneider, K.N., Masthoff, M.,Gosheger, G., Schopow, N., Theil, J.C., Theil, J.C., Marschall,B., Zehrfeld, J. (2020): Generation Y in der Chirurgie- der Konkurrenzkampf um Talente in Zeiten des Nachwuchsmangels. Der Chirurg 91, 955–961

Meyer, H.-J.: Weiterbildung zum Facharzt im Gebiet Chirurgie: In: BDC, BDI, BVOU, DGOU (Hrsg.): Vom jungen Arzt zum guten Facharzt. S. 2

Siebolds, M., Ansorg, J., Hennes, N., Denkinger, M. (2017): Gute Facharztweiterbildung vor Ort praxisnah fördern. Das Masterkonzept zur strukturierten Facharztweiterbildung. In: BDC, BDI, BVOU, DGOU (Hrsg.): Vom jungen Arzt zum guten Facharzt. S. 10–13

Van Loo, M. (2020): Willkommene Frauenpower. In: Hellmann, W., Meyer, F., Ohm, G., Schäfer J. (Hrsg.): Karriereplanung für Mediziner. Der Weg in Führungspositionen ist weit, aber er lohnt sich. Kohlhammer, Stuttgart. S. 245–251

Ausblick

Die Devise im Kontext des Nachwuchsproblems muss lauten: „Gemeinsam sind wir stark packen wir es an". Die Positionierung der Chirurgie zur Sicherung des Nachwuchses muss Gemeinschaftsaufgabe der gesamten Ärzteschaft sein. Das Verharren in alten Denkmustern mit überholten Rollen und Haltungen ist nicht mehr zielführend. Innovative Ansätze zu Aus- und Weiterbildung sind zu entwickeln, lebenslanges Lernen unter Einbeziehung von „Additional Learning" ist angesagt. Für den ärztlichen Nachwuchs und Führungskräfte gleichermaßen. Dies heißt auch: Angeeignetes Wissen in Wissenspaketen konservieren und bei sich ändernden Herausforderungen adaptieren!

Ergänzende aktuelle Literatur vom Autor

Bücher

Hellmann, W. (2016) (Hrsg.): Herausforderung Krankenhausmanagement. Studienprogramm absolvieren- Klinisches Management erfolgreich gestalten. Hogrefe, Bern

Hellmann, W. (2017): Kooperative Kundenorientierung im Krankenhaus. Ein wegweisendes Konzept zur Sicherung von Qualität. Kohlhammer, Stuttgart

Hellmann, W. (2019): Medical Hospital Manager Junior kompakt. Managementwissen für Studierende im Praktischen Jahr und Neueinsteiger im Krankenhaus. Kohlhammer, Stuttgart

Hellmann, W., Meyer, F., Ohm, G., Schäfer, J. (2020) (Hrsg.): Karriereplanung für Mediziner. Der Weg in Führungspositionen ist weit, aber er lohnt sich. Kohlhammer, Stuttgart

Hellmann, W., Schäfer, J., Ohm, G., Rippmann, K., Rohrschneider, U. (Hrsg.) (2020): SOS Krankenhaus. Strategien zur Zukunftssicherung. Kohlhammer, Stuttgart

Hellmann, W., Meyer, F., Ehrenbaum, K., Kutschka, I. (Hrsg. (2020): Betriebswirtschaftliches Risikomanagement im Krankenhaus. Ein integrierter Bestandteil des Qualitätsmanagements. Kohlhammer, Stuttgart

Hellmann, W. (2021): Die junge Ärztegeneration zeigt Flagge. Vorschläge zu Studium, Weiterbildung und Arbeitsbedingungen im Krankenhaus. Kohlhammer, Stuttgart, im Druck

Hellmann, W. (2021) (Hrsg.): Kooperative Versorgungsstrukturen – Chance für den ländlichen Raum .Praxisbeispiele, Konzepte, Wissensvermittlung. Mediengruppe Oberfranken, im Druck

Zeitschriftenartikel

Hellmann, W. (2016): Managementkompetenzen für Führungspositionen in der klinischen Chirurgie- was muss der Chirurg wissen, https://doi.org/10.1055/s-0041-109547 Zentralbl Chir

Hellmann, W. (2017): Qualitätsmanagement für Chirurgen- Kenntnis grundlegender Zusammenhänge und innovativer Strategien für die Wettbewerbsfähigkeit der Fachabteilung. https://doi.org/10.1055/s-0043-108120- Zentralbl Chir 142: 599-606

Hellmann, W. (2016). Optimierung von Zusammenarbeit in der Chirurgie. Passion Chirurgie 11, 2017

Hellmann, W. (2017): Erfolgsfaktoren für die chirurgische Fachabteilung. Passion Chirurgie 05/2017

Printed in the United States
by Baker & Taylor Publisher Services